«Este mensaje es muy oportuno  ᴧadie
lo comunique mejor que Mark B ▮▮▮ de la
Palabra de Dios, pero en *Sé homl* ᴧfiar
a los hombres a rechazar lo esta arse,
reubicarse y trabajar en la revita ; y la
cultura en general. Este libro te sacara de la rutina para que alcances el
llamado que Dios te hizo. Me enorgullece mucho que Mark haya asumido
este importante y necesario proyecto».

—Carey Casey, National Center for Fathering

«No lograrás nada si no participas en el juego. No puedes ser el MVP (el
jugador más valios) a menos que termines el juego. Todo eso comienza
con una clara decisión: «Sé hombre». Este libro está lleno de relatos indi-
viduales, bíblicos e históricos que animan, desafían y enseñan cómo pasar
de niño a hombre. Cómo pasar de ser entrenado a entrenar a otros o de
ser hijo a padre o, como dije, de joven guerrero a héroe. Lee este libro y
aprende lo que necesitas saber para ser el hombre que Dios quiere que seas.
Esta es la buena noticia: Descubrirás que ya lo tienes. Así que ¡Vamos!»

—Shaun Alexander, autor galardonado de *Touchdown Alexander* y
The Walk, MVP 2005 de la NFL, y anfitrión del programa de radio y del
podcast *Finish the Game*

«Si hay algo que he aprendido al leer la labor de Mark Batterson a lo
largo de los años, es que tiene la extraordinaria capacidad de hacer que
la palabra escrita se sienta como una conversación cara a cara. En *Sé
hombre*, Mark me está hablando justo donde vivo en este preciso instante.
Aun más importante, habla a todos los hombres frente a la asombrosa
responsabilidad de formar a la próxima generación. Sus ideas, consejos y
aliento son invaluables».

—Ernie Johnson hijo, comentarista deportivo de TNT
y autor de *Unscripted*

«En mi temporada sin jugar béisbol descanso, leo y repongo mi tanque
de reserva. Un itinerario de ciento sesenta y dos juegos, además de un
entrenamiento primaveral de dos meses, es agotador para cualquier hombre. Sin embargo, busco equipar mi corazón y mi mente con palabras
alentadoras. No puedo imaginarme una mejor compañía en ese periodo
que Mark Batterson. Mark es uno de mis escritores favoritos y *Sé hombre*
es su jonronazo».

—Steve Foster, entrenador de picheo del equipo Colorado Rockies

SÉ HOMBRE

EL MODELO QUE DIOS DISEÑÓ

Mark Batterson

www.EditorialNivelUno.com

Para vivir la Palabra

Para vivir la Palabra

MANTENGAN LOS OJOS ABIERTOS,
AFÉRRENSE A SUS CONVICCIONES,
ENTRÉGUENSE POR COMPLETO,
PERMANEZCAN FIRMES,
Y AMEN TODO EL TIEMPO.
—1 Corintios 16:13-14 (Biblia El Mensaje)

Sé hombre por Mark Batterson
Publicado por Editorial Nivel Uno
Miami, Florida
www.casacreacion.com
©2017 Derechos reservados

ISBN: 978-1-941538-46-3
E-Book ISBN: 978-1-941538-48-7

Desarrollo editorial: *Grupo Nivel Uno, Inc.*
Adaptación de diseño interior y portada: *Grupo Nivel Uno, Inc.*

Publicado originalmente en inglés bajo el título:
Play The Man
Publicado por Baker Books
a división of Baker Publishing Group
Grand Rapids, Michigan, 49516, U.S.A.
Copyright ©2017 por Mark Batterson
Todos los derechos reservados.

Nota de la editorial: Aunque el autor hizo todo lo posible por proveer teléfonos y
páginas de internet correctos al momento de la publicación de este libro, ni la editorial
ni el autor se responsabilizan por errores o cambios que puedan surgir
luego de haberse publicado.

Impreso en Colombia

24 25 26 27 28 LBS 9 8 7 6 5 4 3

CONTENIDO

INTRODUCCIÓN

Luchemos por nuestra gente.
                    —2 Samuel 10:12, TLA

23 de febrero de 155 d.C.[1]
Esmirna, Grecia

Como una escena tomada de la película *Gladiador*, Policarpo fue arrastrado al Coliseo romano. Discípulo del propio apóstol Juan, el anciano obispo dirigió a la iglesia de Esmirna a través de la persecución profetizada por su padre espiritual. «No tengas miedo de lo que estás por sufrir», escribe Juan en Apocalipsis 2:10. «Sé fiel hasta la muerte».

Juan había muerto medio siglo antes, pero su voz seguía resonando en los oídos de Policarpo mientras la muchedumbre del Coliseo gritaba: «¡Suelten al león!» Fue cuando Policarpo oyó una voz del cielo por encima de la multitud:

«Fortaleza, Policarpo. Sé hombre».

Días antes, los cazadores de recompensas romanos lo hallaron. En vez de huir, Policarpo les dio de comer. Quizás por eso le concedieron su última petición: una hora de oración.

Dos horas más tarde, muchos de los que oyeron la forma en que oraba Policarpo se arrepintieron de sus pecados en el acto. Sin embargo, no cedieron a su misión.

Como Jesús cuando entró en Jerusalén, Policarpo fue llevado a la ciudad de Esmirna sobre un asno. El procónsul romano le imploró a Policarpo que se retractara. «¡Jura por el genio de César!» Policarpo contuvo su lengua, se mantuvo firme. El procónsul insistió: «Jura, y te soltaré. ¡Maldice al Cristo!»

«Ochenta y seis años le he servido —dijo Policarpo—, ¡y no me ha hecho mal! ¿Cómo entonces puedo blasfemar a mi Rey que me salvó?»

La suerte fue echada.

Policarpo fue llevado al centro del Coliseo, donde el procónsul anunció tres veces: «Policarpo se ha confesado cristiano». La muchedumbre sanguinaria gritaba pidiendo que lo echaran a las bestias para que muriera, pero el procónsul optó por el fuego.

Cuando sus verdugos lo agarraron por sus muñecas para clavarlo en la hoguera, Policarpo los detuvo. «El que me da fuerzas para soportar el fuego me permitirá aguantar sin la ayuda de los clavos de ustedes».

Al ser encendida la hoguera, Policarpo pronunció una última oración: «Te bendigo porque me has considerado digno de este día y de esta hora para ser contado entre tus mártires en la copa de Cristo».[2] Pronto las llamas lo envolvieron, pero extrañamente no lo consumieron. Como Sadrac, Mesac y Abednego antes que él, Policarpo era a prueba de fuego. En vez del hedor a carne quemada, un olor a incienso flotó por el Coliseo.[3]

Usando una lanza, el verdugo apuñaló a Policarpo a través de las llamas. Policarpo se desangró, pero no antes de que el duodécimo mártir de Esmirna encarnara la exhortación de

Juan: *sé fiel hasta la muerte*. Policarpo falleció sin temor y fielmente. Y la forma en que murió cambió para siempre el modo en que vivieron los testigos. Hizo lo que la voz del cielo había ordenado. Policarpo actuó como hombre.

Haz hombres de ellos

En 1744, la casa de estudios College of William and Mary envió una carta a seis jefes nativos americanos, ofreciéndoles educación gratuita para doce de sus valientes jóvenes.[4] Los jefes declinaron cortésmente la oferta con la siguiente respuesta:

Varios de nuestros jóvenes fueron educados en las universidades de las provincias septentrionales; fueron instruidos en todas las ciencias de ustedes; pero, cuando regresaron, eran malos corredores, ignoraban todos los medios de vida en el bosque, eran incapaces de soportar el frío y el hambre, no sabían cómo construir una cabaña, cazar un ciervo ni matar a un enemigo y, además, hablaban nuestra lengua defectuosamente; por lo tanto, no eran aptos para ser cazadores, guerreros ni consejeros; eran totalmente buenos para nada.

Los jefes, entonces, hicieron una oferta propia:

Si los caballeros de Virginia nos envían una docena de sus hijos, cuidaremos de su educación; los instruiremos en todo lo que sabemos y haremos hombres de ellos.[5]

He tomado muchas clases en más temas de lo que recuerdo. He sido instruido en todo, desde historia antigua a astrofísica, desde meteorología a inmunología, desde psicología a neumatología. Pero nunca, ni una sola vez, he tomado una clase sobre hombría. Nunca me la ofrecieron, ¡ni siquiera como electiva!

Me temo que hemos olvidado cómo hacer hombres.

Me temo que hemos olvidado cómo actuar como hombres.

Antes de avanzar, permíteme excusarme. En muchos sentidos, me siento el hombre menos calificado para escribir este libro. En pocas palabras, carezco de habilidades masculinas. Si un proyecto de ensamblaje requiere más de dos pasos, no lo hago bien. Mi familia me llama afectuosamente: «casi inútil». Y para ser franco, lo más rudo que puedo hacer es alojarme en una cabaña con aire acondicionado y con un refrigerador totalmente abastecido.

He tenido mi buena cantidad de aventuras, como por ejemplo: el camino del inca a Machu Picchu. Pero bajo un espíritu de revelación absoluta, confieso que llevé un colchón inflable. Cuando montamos el campamento la primera noche, un extraño sonido mecánico resonó en todo el campamento. ¡Era yo con el motor que inflaba el colchón! ¿Me sentí menos varonil que el resto de los chicos? Sí, seguro. Pero para mí, dormir es importantísimo, ¡y dormí muy bien!

También podría añadir que puedo cambiar un neumático desinflado, pero casi siempre llamo al servicio automovilístico AAA. Y una vez freí un pavo en abundante aceite y cuando digo *abundante* es que lo era.

Capta la idea. Me faltan habilidades de hombre, pero ser hombre *no* se trata de eso.

No tienes que comerte el corazón de un oso o dormir dentro de un caballo muerto como Leonardo DiCaprio en la película *The Revenant*. Eso podría hacer que ganes algunos puntos en tu hombría, o incluso un Oscar, pero ser hombre no se trata de eso.

En las páginas que siguen, revelaré siete virtudes de la hombría: el amor duro, el asombro infantil, la fuerza de voluntad, la pasión agresiva, verdaderas agallas, una visión clara y el valor moral. En caso de que algunas mujeres pongan sus manos en este libro, estas virtudes no son exclusivas de los hombres, pero creo que ellos carecen de ellas con más frecuencia que las mujeres y, en algunos aspectos, son más importantes para los hombres. Las siete virtudes tampoco son una lista completa, aunque nos brindan un bloque inicial.

Después de explorar cómo ser hombre, cambiaré de tema y hablaré de cómo hacer a un hombre. Me encantan los pastores de jóvenes. Doy gracias a Dios por ellos. Pero no es su trabajo discipular a mis hijos. ¡Ese es mi trabajo! Si no fuiste discipulado por tu padre, puede que te sea difícil discipular a tu hijo puesto que no sabes por dónde empezar. Me doy cuenta de que soy solo un elemento, pero te hablaré del pacto del discipulado que creé para mis hijos y del «rito de paso» a través del cual los llevé al final de lo que llamamos el «año de discipulado». No son a prueba de balas o infalibles, pero son un punto de partida en la marcha hacia la hombría. Mi objetivo es darte una plantilla que puedas adoptar y adaptar.

Ahora, déjame pintar una imagen: el panorama general.

Salvaje

Hace una década pasé una semana inolvidable en las Islas Galápagos. Ese archipiélago frente a la costa del Ecuador no ha cambiado mucho desde que Charles Darwin navegó allí en el bergantín HMS *Beagle* en diciembre de 1831 y estudió quince especies de pinzones. ¡Las Galápagos son lo más parecido al huerto del Edén que queda en la tierra!

Mi hijo y yo vimos una tortuga de doscientos años que pesaba más de cuatrocientos cincuenta kilos. Nos encontramos cara a cara con iguanas gigantes que no se sentían nada intimidadas por los humanos. Vimos pelícanos, que parecían pterodáctilos prehistóricos, sumergiéndose en el océano y volviendo a subir con el desayuno en sus grandes picos. Además, fuimos a nadar con leones marinos, sin saber que no era muy seguro hacer eso.

Unas pocas semanas después de regresar a casa, nuestra familia fue al Zoológico Nacional en Washington, D.C. Ese es un gran zoológico, pero no me interesa para nada. Mirar animales enjaulados no es tan emocionante como verlos en su hábitat natural; es demasiado seguro, demasiado tranquilo y demasiado predecible.

Mientras pasábamos por el área de los simios, los gorilas de más de ciento ochenta kilogramos parecían aburridos, sin vitalidad, detrás del vidrio protector. Fue entonces cuando me asaltó un pensamiento: *Me pregunto si las iglesias le harán a la gente lo que los zoológicos a los animales.*

No creo que sea intencional. Es más, tiene una buena intención. Pero me inquieta que nuestros intentos por *ayudar* a las personas a veces las *hieran*. Intentamos eliminar el peligro, descartar el riesgo. Tratamos de domesticar a las personas en el nombre de Cristo, olvidando que Jesús no murió para mantenernos a salvo. Jesús murió para hacernos peligrosos.

Los envío como ovejas en medio de lobos. Por tanto, sean astutos como serpientes y sencillos como palomas.[6]

Eso no luce seguro, ¿verdad? Es que *no* lo es. La voluntad de Dios no es un plan de seguro. La voluntad de Dios es un plan peligroso. Requiere toneladas de testosterona y produce altos niveles de adrenalina sagrada.

Ahora, permíteme agregar un marco a la imagen que Jesús pintó.

Rewilding (de vuelta a la vida silvestre)

En 1995, el lobo gris fue reintroducido en el Parque Nacional de Yellowstone después de un hiato de setenta años. Los científicos esperaban un efecto dominó ecológico, pero el tamaño y el alcance de la cascada trófica los tomó por sorpresa.[7]

Los lobos son depredadores que matan a ciertas especies de animales, pero indirectamente dan vida a otros. Cuando los lobos volvieron a entrar en la ecuación ecológica, cambiaron radicalmente los patrones de comportamiento de otras especies silvestres. A medida que los lobos comenzaron a matar coyotes, las poblaciones de conejos y ratones aumentaron, atrayendo más halcones, comadrejas, zorros y tejones.

En ausencia de depredadores, los ciervos superpoblaron el parque y erosionaron partes de los pastizales del Yellowstone. Sin embargo, sus nuevos patrones de tránsito permitieron que la flora y la fauna se regeneraran. Las bayas de esos arbustos regenerados provocaron un aumento en la población de osos.

En seis años, los árboles que estaban en las partes erosionadas del parque quintuplicaron su altura. Los valles desnudos fueron reforestados con árboles de álamo temblón, sauce y olmo. Y en cuanto eso sucedió, los pájaros cantores comenzaron a anidar en los árboles. Entonces los castores empezaron a masticarlos. Los castores son ingenieros de ecosistemas, construyen represas que crean hábitats naturales para nutrias, ratas almizcleras y patos, así como para peces, reptiles y anfibios.

Un último efecto dominó.

Los lobos cambiaron incluso el comportamiento de los ríos, serpenteaban menos debido a la menor erosión del suelo. Los canales se estrecharon y se formaron piscinas cuando los bosques regenerados estabilizaron las riberas.

¿Mi punto? ¡Necesitamos lobos!

Cuando sacas al lobo de la ecuación, hay consecuencias no deseadas. En ausencia de peligro, la oveja sigue siendo oveja. Y lo mismo sucede con los hombres. La manera en que jugamos al hombre es superando obstáculos abrumadores, al enfrentar desafíos de enormes proporciones. Podemos temer al lobo, pero también lo anhelamos. Es lo que queremos. Es lo que necesitamos.

Imagínate una lucha entre una oveja y un lobo. La oveja no tiene ninguna oportunidad, ¿verdad? A menos que haya un pastor. Y me pregunto si es por eso que jugamos a lo seguro en vez de actuar como hombres, no confiamos en el pastor.

¡Ser hombre empieza allí!

Los ecologistas acuñaron recientemente una nueva palabra maravillosa. Inventada en el 2011, *rewilding* (de vuelta a la vida silvestre) tiene una multiplicidad de significados. Resiste el impulso de controlar la naturaleza. Tiene que ver con la restauración de áreas silvestres. Con introducir de nuevo animales a su hábitat natural. Es un término ecológico; sin embargo, *rewilding* tiene implicaciones espirituales.

Al mirar los evangelios, el *rewilding* parece ser un subtrama. Los fariseos eran muy civilizados, demasiado. Su religión no era más que una obra teatral. Eran lobos vestidos de ovejas.[8] Pero Jesús enseñó una espiritualidad muy diferente.

«Las zorras tienen madrigueras y las aves tienen nidos», dijo Jesús, «pero el Hijo del hombre no tiene dónde recostar la cabeza».[9] Jesús pasó la mayor parte de los tres años acampando, pescando y caminando con sus discípulos. Me parece que los estaba reintroduciendo a lo silvestre.

Jesús no sólo les enseñó a ser pescadores de hombres.

¡Les enseñó a ser hombres!

Ese fue mi objetivo con el «año de discipulado», que describiré en el capítulo 9. Para celebrar la culminación del pacto, llevé a cada uno de mis hijos a un rito de paso. El viaje de Parker fue escalando el Gran Cañón de borde a borde. Esa caminata de treinta y siete kilómetros sigue siendo una de las cosas más difíciles que he hecho, en parte debido a las temperaturas de julio que alcanzaron los cuarenta y tres grados centígrados, ¡a la sombra! Pero gané algunas lecciones que no podría aprender de otra manera.

El hombre descubre quién es en la naturaleza.

También descubre quién es Dios.

Incluso Jesús se apartó por cuarenta días. Tienes que ponerte en situaciones en las que no tengas nada, en las que no haya guion escrito. Tienes que ponerte a merced de los elementos y probar tus límites. Así es como descubres lo que eres capaz de hacer y, lo que es más importante, lo que es capaz de hacer Dios. Así es como los niños se convierten en hombres y estos en hombres de Dios.

Este libro es para el hombre que quiere actuar como tal, pero no está completamente seguro de cómo hacerlo. Es para el hombre que quiere ser un padre cuyos hijos puedan honrar y un marido cuya esposa pueda respetar, pero que necesita un poco de ayuda. Y el simple hecho de que hayas recogido este libro me dice que eres *tú*.

El enigma

Hay un antiguo axioma que dice: «Los hombres son de Marte y las mujeres son de Venus».[10] Pero como ambos vivimos en este planeta Tierra, es mejor que entendamos esto. ¿Qué significa ser hombre? El blanco ruido de la confusión cultural junto con el silencio ensordecedor de la iglesia nos ha dejado inciertos e inseguros en cuanto a nuestra hombría. Así que nos conformamos con mucho menos de lo que Dios originalmente pensó.

Hombre y mujer los creó.[11]

El género fue idea de Dios. Así que no sólo es buena; es una idea de Dios. Y eso también vale para el sexo, por cierto. La hombría no es un tema a evitar. Es un objetivo que hay que buscar y encomiar. Pero ¿dónde empezamos?

La respuesta es el intento original de Dios, el diseño único de Dios. Debemos examinar al primer Adán —Adán— él es el prototipo. Y debemos interrogar al segundo Adán —Jesús—, Él es el arquetipo.

Cuando la aguja de la brújula de la hombría gira, Jesús es el norte verdadero. El primer Adán nos ayuda a entender lo que salió mal. El segundo Adán nos ayuda a hacerlo bien.

En muchos aspectos, Jesús es un estudio de contrastes. Es el Cordero de Dios y el León de la tribu de Judá. Es el Jesús amable, manso y tierno. Pero manso no es sinónimo de debilidad, y Jesús, definitivamente, tenía ¡un lado salvaje! Era duro como los clavos, los de dieciocho centímetros que le traspasaron las manos y los pies. Pero también era lo suficiente hombre como para llorar.

Jesús es un enigma, el Enigma, puesto que era plenamente Dios, plenamente hombre. Sí, Él es el Hijo omnisciente,

16

omnipotente y omnipresente de Dios. Pero por treinta y tres años actuó como hombre. Se sometió a las leyes de la naturaleza que creó, tomando carne y sangre. Casi parece sacrílego, pero Jesús pasó por la pubertad como nosotros. Como nosotros, tuvo que aprender a leer, a escribir y aprender aritmética. Además, tuvo que descubrir su destino, su identidad y su masculinidad. Por supuesto, después de descubrirlo, lo definió.

Virtudes de la hombría

En su brillante libro *El camino del carácter*, David Brooks hace una distinción entre las virtudes del currículo y las del elogio. Las primeras representan las habilidades que necesitas para *ganarte la vida*, y son las que más se celebran en nuestra cultura. Pero cuando se trata de *hacer una vida*, las virtudes del elogio ganan. Estas son las que se mencionan en tu funeral.[12]

Lo peligroso al escribir un libro sobre la hombría es que es muy difícil de decodificar la diferencia entre los prototipos bíblicos y los que construyen las culturas. Mucho de lo que significa ser hombre es determinado por la tradición. Las expectativas impuestas a los hombres de Israel del primer siglo y a los de la América del siglo veintiuno son muy diferentes. Pero haré todo lo posible por descifrar la diferencia entre el cableado [o hardwiring] —la imagen de Dios en nosotros— y el *software*, las expectativas culturales.

Es cada vez más difícil diferenciar culturalmente entre lo que significa ser hombre y lo que significa ser mujer. Y por esa misma razón, ¡es cada vez más importante hacerlo!

Cada hombre necesita un currículo, pero ese no es el enfoque de este libro. Las habilidades del hombre puede que te hagan ganar puntos varoniles, pero las *virtudes* de la hombría hacen que ganes el corazón de Dios. La virtud es mucho más difícil de desarrollar que la habilidad y requiere mucho más tiempo. ¡Pero la recompensa es mucho mayor!

No te castigues si no tienes ninguna de estas siete virtudes. Recuerda, Jesús ya pagó el castigo por tu pecado. No trates de pagar doble con sentimientos de culpa. Filipenses 2:12 provee una buena guía para esto:

Lleven a cabo su salvación con temor y temblor.

Lo irónico de esta afirmación es que la salvación no puede ganarse con buenas obras; sólo se puede recibir como un regalo gratuito. Sin embargo, una vez que recibes el don de la salvación, tienes que ir al gimnasio y trabajarlo.

Uno ejercita la virtud de la misma manera que los músculos. Hay que empujarlos hasta lo último; al punto que, literalmente, tiemblen. Así es como sabes si se está desintegrando la fibra muscular, ¡y así es como vuelve a levantarse aun más fuerte!

Esta es una buena oportunidad para que te recomiende que leas este libro con otra persona. ¿Por qué? ¡Porque el hierro se afila con el hierro! Tú necesitas alguien que te empuje, alguien que te ubique. Sé que la reputación de los hombres es que son tan relacionales como los objetos inanimados, pero no puedes alcanzar tu pleno potencial sin un grupo de hermanos.

Un desafío final.

El vigésimo presidente de los Estados Unidos, James B. Garfield, fungió doscientos días en el cargo antes de ser abatido. Garfield es el único presidente que también fue ministro ordenado. ¡Y es el único presidente que no se postuló a la presidencia! La Convención Nacional Republicana de 1880 se encontraba en un punto muerto después de la trigésima quinta votación. Garfield ni siquiera estaba en la boleta al principio de la convención, pero de alguna manera consiguió ganar la nominación en la trigésima sexta votación.

¿Cómo un hombre que no buscó la presidencia llegó a la Casa Blanca? No soy estudioso de la política, pero tengo una teoría. Creo que se remonta a una decisión determinante que tomó James Garfield cuando era joven.

—Quiero hacerme hombre—, dijo Garfield—, y si lo logro, tendré éxito en todo lo demás.

Garfield se hizo hombre.

Entonces, Estados Unidos lo convirtió en presidente.

No te estoy dando una fórmula para convertirte en el próximo presidente de los Estados Unidos. Sin embargo, te estoy dando una para la grandeza, no importa quién eres ni qué haces.

Como yo, usas muchos sombreros. Y, sin duda, tienes muchos sueños. Pero si te enfocas en ser hombre, todo lo demás caerá en su lugar. Si lo logras, tendrás éxito en todo lo demás.

¡Sé hombre!

PRIMERA PARTE

SÉ HOMBRE

LAS SIETE VIRTUDES

1

Duro como los clavos

La primera virtud de la hombría:
Amor duro

Pero ahora tus valientes guerreros lloran en
público.

—Isaías 33:7, NTV

20 de mayo de 1927
Roosevelt Field, Long Island

A las 7:52 de la mañana, un piloto de veinticinco años de
edad, llamado Charles Lindbergh, encendió su monomotor
de un solo asiento: el *Espíritu de St. Louis*. A Lindbergh casi
se le agotó la pista antes de despegar, ¡pero el hecho de no
tener frenos significaba que no podía volver atrás! Treinta
y tres horas, treinta minutos y treinta segundos después,

Lindbergh aterrizó en un aeródromo aledaño a París, convirtiéndose en la primera persona en hacer un vuelo transatlántico sin escala.

Media docena de pilotos antes que él fracasaron, terminando sepultados en el mar. Y el currículo de Lindbergh palidecía en comparación con el de ellos. Él era un piloto de correos con un puñado de acontecimientos arrolladores en su haber. Pero lo que le faltaba en experiencia, lo compensó más con su fortaleza mental.

Lindbergh no tenía radio ni medidor de combustible. ¡Casi no durmió la noche anterior! Debido a limitaciones de peso, no empacó casi nada, ni siquiera un cepillo de dientes. Sólo llevó un cuarto de galón de agua y cinco bocadillos de jamón y pollo. Sólo se comió uno de ellos.

A través de la oscuridad de una noche sin luna, Lindbergh apuntó a Europa. Voló tan alto como a tres mil metros y tan bajo como a un metro, luchando con miles de kilómetros de niebla sobre el Océano Atlántico. Lindbergh tuvo la primera señal de que estaba cerca de la costa cuando vio un barco de pesca al amanecer del segundo día. Aseguró el acelerador y rodeó el bote, gritando: «¿Cuál es el camino a Irlanda?» El pobre pescador no hablaba inglés o estaba demasiado asustado para responder.[1]

Al ponerse el sol por segunda vez en su épica travesía, las luces de Le Bourget allanaron el camino hacia París. Le dio un rodeo a la Torre Eiffel y voló hacia lo que pensaba que sería un aeródromo vacío. Era un aeródromo, pero no estaba vacío. Al contrario, una gran multitud que gritaba: ¡*Vive!*», le dio una bienvenida de héroe a Lindbergh. Este ganó no sólo el Premio Orteig de 25.000 dólares por el primer vuelo sin escalas desde Nueva York a París, sino que también ganó los corazones de la gente de todo el mundo.

Al día siguiente de su vuelo, los periódicos publicaron 250.000 historias que sumaron treinta y seis millones de palabras. Una publicación lo calificó como «el mayor acontecimiento desde la resurrección». Lindbergh recibió tanto correo de los fans (3,5 millones de misivas) que se asignaron treinta y ocho empleados de la empresa Western Union para gestionarlo.

Así que, ¿cómo lo hizo Lindbergh? ¿Cómo logró hacer algo en lo que tantos otros fracasaron? ¿Cómo soportó la niebla, el miedo, la fatiga?

He aquí mi teoría.

En las horas más oscuras de la noche, apuesto a que Charles Lindbergh pensó en su abuelo, August Lindbergh.

En 1859, August emigró a Estados Unidos de América desde Suecia y encontró trabajo en un aserradero en el centro de Sauk, Minnesota. Dos años más tarde, Lindbergh cayó sobre la cuchilla de una sierra que le destrozó el torso. Le dejó un agujero tan grande que un testigo dijo que podía ver su corazón latiendo.[2]

Un Lindbergh seminconsciente fue llevado a casa, ¡donde esperó *tres días* por un médico! Cuando el doctor al fin llegó a ver a Lindbergh, amputó lo que quedaba de su brazo y le cosió el agujero. Ahora, lo asombroso es que August Lindbergh no gritó ni lloró. Ni siquiera un «¡ay!» Resistió aquello sufriendo en silencio.[3]

Con un abuelo así, ¿es de extrañar que Charles cruzara el Atlántico? En comparación con todo el dolor y la agonía que su abuelo soportó, un vuelo en solitario a través del Atlántico era un paseo.

Endurecer

La próxima vez que alguien se queje algo de sus padecimientos y sus dolores, háblale de August Lindbergh. En realidad, lo intenté con mi hijo menor, Josiah, cuando tenía doce años. Es probable que estuviera un poco joven para esa historia sangrienta, pero funcionó a la perfección. ¡Dejó de quejarse!

Verificación de la realidad: la mayoría de nuestros conflictos son problemas del primer mundo.

Hace poco Lora, mi esposa, pasó varios días en un campamento de refugiados sirios en la frontera de Grecia y Macedonia. Los horrores que han sufrido muchos de esos refugiados son desmedidos: hogares destruidos por bombas, familias destrozadas por la guerra civil, niños ahogados en el mar tratando de escapar. Tenemos unos amigos sirios refugiados que recientemente emigraron a los Estados Unidos y que enterraron a su hijo de dieciséis años vivo durante nueve horas para evitar que lo reclutaran a la fuerza para unirse a ISIS. Eso pondrá tus problemas en perspectiva de prisa.

Los refugiados no pueden regresar a Siria porque sus casas están destruidas y tampoco pueden seguir adelante debido a una cerca de alambre de púas que hay en la frontera. Nada diferente a la situación en la que se encontraron los refugiados israelitas después del éxodo, atrapados entre un Mar Rojo infranqueable y un ejército egipcio en estampida.

Ese es un *punto duro*.

No obstante, nos frustramos cuando perdemos una conexión de vuelo o no podemos conectarnos a Internet. ¿En serio? Nos enojamos por un retraso de treinta minutos antes de abordar un Boeing 747 de 450 toneladas que se elevará a diez mil metros en el aire y nos llevará a dondequiera que vayamos a la mitad de la velocidad del sonido. Necesitamos seguir revisando nuestra perspectiva.

A veces necesitamos tomar las cosas a la ligera.

A veces tenemos que endurecernos.

No abogo por el estoicismo a ultranza. Defiendo una sola virtud: la dureza. Esta viene en diversas formas y tamaños, desde la dureza física hasta la mental. Pero en este capítulo quiero enfocarme en su modalidad más extraña: el amor duro. Esa es la primera virtud de la hombría.

El amor duro es mucho más difícil de lograr que la dureza física y mucho más importante. ¡Distingue a los hombres de los niños! Un tipo duro no es el que puede amoratar un ojo o hacer que una nariz sangre; es alguien que está dispuesto a ser clavado en una cruz por otro a quien ama.

¡Ser hombre es amor del duro!

Toma tu cruz

Cuando escuchas la frase «tipo duro», ¿en quién piensas? Algunos piensan en Cal Ripken —el hombre de acero del béisbol— o en Brett Favre, el ícono de la Liga Nacional de Futbol (NFL, por sus siglas en inglés). O tal vez recuerdas a tu héroe de cine favorito. Ciertamente William Wallace o Maximus Decimus Meridius vienen a la mente de muchos. Sin duda, ellos califican como tipos duros.

Sin embargo, ninguno de ellos llevó una cruz al Gólgota ni se dejó incrustar en ella con unos clavos de dieciocho centímetros.[4] Además, si hubiéramos sido testigos oculares de la crucifixión, no leeríamos Lucas 9:23 de la misma manera:

Si alguien quiere ser mi discípulo, que se niegue a sí mismo, lleve su cruz cada día y me siga.

Lleva tu cruz.

Lo decimos sin esfuerzo alguno, muy ligeramente. Pero es porque lo leemos en sentido figurado. Se estima que una cruz romana pesaba ciento treinta y seis kilos; es más, aunque Jesús llevara sólo la barra transversal, ¡se la pusieron sobre su carne viva recién azotada! Y la acarreó no menos de seiscientos metros por la *Vía Dolorosa*.[5]

Cuando digo «duro como clavos», eso es lo que quiero decir. Es el epítome de la dureza. Ser un *tipo duro* no significa defenderte cuando te ofenden. Un verdadero *tipo duro* se sacrifica por el bien de los demás.

Jesús no sólo acarreó una cruz de ciento treinta y seis kilos; llevó el peso del mundo. Cada ofensa cometida fue puesta sobre sus hombros, y la llevó toda hasta el Calvario.

¿Amar a quién?

En 1992, un gran dragón del Ku Klux Klan acaparó los titulares. Por años, Larry Trapp aterrorizó a un líder judío en su comunidad llamado Michael Weisser, amenazándolo de muerte a él y a su sinagoga. Pero, un día, Larry rasgó sus banderas nazis, destruyó su literatura de odio y renunció al KKK. ¿Por qué hizo eso? Porque cuando Larry Trapp se estaba muriendo de una enfermedad renal relacionada con la diabetes y no podía cuidar de sí mismo, Michael Weisser lo llevó a su casa y lo atendió. «Me mostró tanto amor», dijo Larry Trapp, «que no pude evitar amar [lo] de vuelta».

¡Eso es amor duro!

Difícilmente habrá quien muera por un justo, aunque tal vez haya quien se atreva a morir por una persona buena. Pero Dios demuestra su amor por nosotros en esto: en que cuando todavía éramos pecadores, Cristo murió por nosotros.[6]

El amor duro es amar a los demás cuando menos lo esperan y menos aun lo merecen.

El mensaje del evangelio puede resumirse en tres palabras: *amor que vence*. No es el amor juvenil que nuestra cultura celebra. Es un amor paciente. Es un amor que siempre protege, siempre confía, siempre espera, siempre persevera.[7] Es un amor que incluso ama a sus enemigos.

El amor duro es amor sacrificial, un amor que está dispuesto a ser clavado en una cruz por el pecado de otra persona. El amor duro es incondicional, un amor que no lo dicta el desempeño de la otra persona. El amor duro es amor de pacto, para bien o para mal, para el más rico o el más pobre, en la enfermedad y en la salud.

Es fácil amar a tu esposa cuando todo va bien, ¿verdad? Cuando no va muy bien, no es tan fácil. ¿Por qué? Porque nuestro amor tiende a ser *reactivo*. El amor duro es *proactivo*. No es un amor que busca la necesidad; sino que la satisface. No busca validación, ¡porque no necesita ninguna! ¡Añade valor a la persona amada!

Uno de los grandes errores que cometemos es pensar que lo que Dios siente por nosotros es igual que lo que nosotros sentimos por nosotros mismos. De modo que proyectamos nuestras imperfecciones sobre Dios. La realidad es esta: *no hay nada que puedas hacer para que Dios te ame más o menos de lo que ya te ama.* Dios te ama perfectamente, eternamente.

Yo sé que lo sabes, pero ¿lo crees?

En pocas palabras: tú eres la cruz para Cristo.

Cuanto peor estamos, mejor está Dios. Medita en ello como en un sacrificio de amor, y como en un sacrificio de alabanza, puede ser la modalidad más significativa del amor, puesto que significa amar a alguien cuando menos te apetece.

Desatranquen las puertas

Hace poco estuve en una conferencia de pastores en Gran Bretaña y mi turno para hablar fue precisamente después de Justin Welby, el arzobispo de Canterbury. ¡No es un acto fácil de seguir! Yo pastoreo una iglesia que tiene veinte años y apenas puedo creer que haya pasado ese tiempo. El arzobispo Welby pastorea una iglesia que data del año 509 d.C. Es el arzobispo 105avo de una estirpe que se remonta a Agustín de Canterbury.

En su intervención, el arzobispo Welby contó una historia sobre Thomas Becket, uno de sus predecesores, que fue asesinado en 1171. El arzobispo Becket y el rey Enrique II no se llevaban muy bien. De hecho, el rey dijo algo como: «¿Quién me librará de este sacerdote molesto?»[8] Cuatro caballeros interpretaron la pregunta como una orden real y se dispusieron a enfrentar al arzobispo. Llegando el 29 de diciembre de 1170, escondieron sus armas bajo un árbol fuera de la Catedral de Canterbury y su armadura bajo sus capas. Como Becket se negó a ir con ellos pacíficamente, los caballeros recogieron sus espadas. Los clérigos del arzobispo le dijeron que pasara los cerrojos de las puertas de la catedral, pero Becket hizo lo contrario. «¡Desatranquen las puertas!» gritó. «¡Desatranquen las puertas!»[9]

Es bastante espantoso, pero la coronilla de la cabeza de Becket fue cortada, su cerebro se desparramó. La sangre de Becket tiñó el suelo de la catedral de un rojo carmesí.

Es en el mismo lugar donde la sangre de Becket fue derramada que se ensaya su asesinato cada año con el arzobispo que preside haciendo el papel de Becket. Es un ritual solemne, un profundo recordatorio de que, en palabras del arzobispo Welby: «Vale la pena morir por lo que creemos».[10]

Permíteme, pues, que te pregunte esto: ¿Vale la pena morir por tu versión del cristianismo?

Valió para Thomas Becket. Valió para once de los doce apóstoles que fueron martirizados sin piedad por su fe. Y valió para un obispo de ochenta y seis años llamado Policarpo, que actuó como hombre.

¿Y qué contigo?

Problemas de ira

En la película *Rocky III*, la revancha de Rocky con Clubber Lang es una escena de lucha clásica. Rocky lo toma en la barbilla una y otra vez, pero lo hace intencionalmente, con sarcasmo. «No estás tan mal —dice—, burlándose de Lang—. Vamos. No estás tan mal. No estás tan mal». Su confuso mánager, Apollo Creed, llama a eso locura: «¡Lo está matando!» El cuñado de Rocky, Paulie, lo llama estrategia. «No lo está matando, lo está enojando».[11]

Pensamos que la ira es pecaminosa, pero a veces no enfadarnos es pecado. La clave es enfadarse por lo correcto, en el momento adecuado, de la manera correcta. En palabras de Aristóteles: «Cualquiera puede enfadarse, eso es fácil; pero estar enojado con la persona correcta, en el grado correcto, en el momento correcto, para el propósito correcto y de la manera correcta, no está dentro del poder de todos, eso no es fácil».[12]

La ira *no* es pecado. De hecho, la Escritura usa el tipo más fuerte de ira —el *odio*—, para describir cómo debemos sentirnos en cuanto al pecado.[13] Y si odiáramos más al pecado, ¡podríamos cometerlo menos! Ahora, si eso se traduce de la manera equivocada, es extremadamente peligroso. Se trata de *pecado*, no de *pecadores*.

Jesús se enfadó.

Se enojó con la hipocresía de los fariseos. Se enfadó con la muerte cuando le robó a su amigo Lázaro. Se enojó con los discípulos cuando trataron de disuadirle de la cruz. Se enojó con los cambistas que convirtieron el templo en una guarida de ladrones y hasta mostró rabia en el templo.

¡Eso es amor duro!

Ahora, he aquí un pequeño consejo. Si tratas de actuar como Dios en vez de hacerlo como hombre, no funcionará muy bien. Cuando tratas de hacer el trabajo de Dios, la obra se vuelve contraproducente. El trabajo del Espíritu Santo es convencer; el tuyo es amar.

Todos tenemos problemas de ira. Es importante que nos preguntemos: ¿De qué estoy enfadado? Algunos nos golpeamos a nosotros mismos a causa de los errores que hemos cometido, pero esas heridas autoinfligidas socavan lo que Dios está tratando de hacer en nosotros y a través de nosotros. A veces nos enojamos con Dios, pensando que es responsable de algo que ha sucedido en nuestras vidas. Si nos vamos a enojar, debemos hacerlo con el que mata, roba y destruye.

He aquí esta tarea: Haz un inventario de tu ira.

¿Cuándo te enfadas? ¿Por qué? ¿Y cuál es el resultado? Haz una autopsia de la ira. Así es como identificas tus desencadenantes. Nueve de cada diez veces, el gatillo no está logrando lo que quieres cuando lo quieres. Lo cual nos lleva de vuelta al egoísmo. Tienes que identificar los desencadenantes de tu pecado para que puedas bloquear el gatillo en vez de activarlo.

Ofenderás a los fariseos

«¿A quién voy a ofender?»

Esa es una de las preguntas más importantes que un hombre tiene que hacerse a sí mismo y responderse. Esto te prometo: ¡vas a acabar ofendiendo a alguien! Así que, ¿quién será? Si temes ofender a la gente, acabarás ofendiendo a Dios. Si temes ofender a Dios, acabarás ofendiendo a la gente. ¡Es uno u otro! ¿Mi consejo? *¡Ofende a los fariseos!* Eso es lo que Jesús hizo; y lo hizo con gran intencionalidad y congruencia.

Soy pacificador por naturaleza y eso puede ser una semejanza a Cristo. Pero, a veces, mantener la paz es solo evitar conflictos. Sí, Jesús calmó la tormenta. ¡Pero también armó el alboroto! Jesús no evitaba el conflicto; a menudo lo causaba. ¿Por qué? Porque sabía que el conflicto, no el consuelo, es el catalizador del crecimiento.

Orson Welles da un famoso discurso en *El tercer hombre*:

En Italia, durante treinta años bajo los Borgia, tuvieron guerra, terror, asesinato y derramamiento de sangre, pero produjeron a Miguel Ángel, Leonardo da Vinci y el Renacimiento. En Suiza, tenían amor fraternal, tuvieron quinientos años de democracia y paz, y ¿qué produjo eso? El reloj cucú.[14]

Mis disculpas a los lectores suizos, pero ¡con esto está todo dicho!

Uno de los mayores errores que cometí como líder joven fue intentar hacer que todos estuvieran cómodos, pero eso a la larga no favorece a nadie. Desde entonces, redefiní mi descripción de trabajo como pastor. Mi labor es consolar a los afligidos y afligir a los cómodos, y esto último no es menos amoroso que lo primero. ¡Es más!

Consolar a los afligidos es amor.

Afligir al cómodo es amor duro.

Es mucho más fácil evitar el conflicto, ¿cierto? Así que nosotros retrasamos la disciplina, pero a largo plazo eso daña más que lo que ayuda. O posponer conversaciones difíciles porque nos falta la energía emocional o el valor.

El amor duro requiere decisiones duras, conversaciones duras.

Jesús pudo haber sanado en cualquier día de la semana, pero a menudo escogió el sábado. ¿Por qué? ¡Porque sabía que sería dos veces más divertido! ¿Por qué no matar dos pájaros con una sola piedra? Curar los cuerpos enfermos mientras se metía bajo la delgada piel de los fariseos que se justificaban a sí mismos. Jesús sabía que los irritaría, por eso lo hacía. Los estaba aguijoneando. Y eso es lo que haces cuando amas a alguien. Eso se llama *amor duro*.

Las palabras de los sabios son como aguijones.[15]

Un aguijón era un bastón con púas usado para dirigir al ganado. A veces tenemos que decir algo *hiriente* para *ayudar*. Si no logramos confrontar a alguien en su pecado, nos conformamos con lo corriente. ¡Y eso no es amor! Si realmente los amamos, si realmente creemos en ellos, los aguijonearemos como los arreadores. Ahora, permíteme matizar esto un poco, porque *no* es una licencia para lastimar a la gente.

Tienes que usar las palabras correctas, en el momento correcto, en el espíritu correcto. Si tienes motivaciones secretas, guárdate tus palabras hirientes. Si simplemente estás desahogando tu frustración o diciendo algo que te hará sentir mejor contigo mismo, entonces no lo hagas, porque te saldrá el tiro por la culata.

Debes tener realmente el mejor interés de la otra persona en el corazón. Y termina tu aguijoneo con mucha afirmación. Así es como dices la verdad con amor.[16]

Cuando reflexiono en mi vida, ¿sabes a quién más respeto? No es a los que «tomaron las cosas con calma conmigo». Es a los que impulsaron mi potencial y me empujaron más allá. Casi nunca me gustó en el momento, pero su aguijoneo condujo al crecimiento.

¿A quién tienes que aguijonear?

¿Y a quién le has dado licencia para aguijonearte?

Actuar como hombre no permite evasivas. Posponer las conversaciones difíciles sólo las hacen más difíciles. También nos roba la oportunidad de crecer.

El hierro no afila hierro sin fricción.

Pieles duras

Cuando niño, usaba una marca de jeans llamados *Tough-skins*. Tenían las rodillas reforzadas con un parche de poliéster Dacron tipo 59 y nylon DuPont 420.[17] La garantía de esos jeans era que los niños usarían otra talla de pantalones antes que esos se desgastaran o les devolvían el dinero.

Una de mis oraciones frecuentemente repetidas por mis hijos es que tengan un *corazón tierno* con Dios, con su mamá y con su papá. Pero ese corazón blando está mejor protegido por una piel dura. La piel delgada no va a ser suficiente, es herida muy a menudo, se ofende demasiado fácil.

Uno de mis rituales anuales es elegir un versículo del año. El que escogí hace unos años fue Proverbios 19:11: «Su gloria es pasar por alto la ofensa». Fue el mismo año en que publiqué el libro *El Hacedor de círculos*, que ha vendido más ejemplares que cualquiera de mis otros libros, pero también ha obtenido su buena dosis de crítica.[18] No es divertido ser falazmente acusado de falsa enseñanza o de falsos motivos. Pude haberme masticado esa píldora y dejar que envenenara mi espíritu, pero tomé la decisión de pasar por alto la ofensa. Mi objetivo ese año fue ser *difícil de ofender*.

No dejes que una flecha de crítica penetre tu corazón a menos que primero pase por el filtro de la Escritura.[19] Nadie está por encima de la reprensión, todos somos imperfectos. Así que si la crítica es válida, arrepiéntete. Pero si no lo es, no mastiques la píldora, porque envenenará tu espíritu. ¡Pasa por alto la ofensa! Serás más hombre a causa de ello. Actuar como hombre requiere una piel dura y es absolutamente necesario si quieres actuar en los negocios, en la política, en los deportes o incluso en el matrimonio.

Cuando estaba en la escuela secundaria, me llamaban con algunos nombres que no son para imprimir. Estoy seguro de que también experimentaste eso. Nadie se *gradúa* de la secundaria: ¡la sobrevive! Pero al reflexionar, creo que me preparó para la vida real enseñándome cómo probar que los oponentes estaban equivocados. Ahora, por favor, no uses eso como una excusa para insultar a otros. La intimidación es algo ilegítimo. Cuando yo era niño, el acoso físico era un verdadero problema. Agrega los medios de comunicación social a la mezcla y se ha vuelto aun más feo. De cualquier manera, no hay lugar para ello. Nada es más cobarde que intimidar.

Dicho esto, me pregunto si nuestra cultura de corrección política nos ha dejado la piel muy fina. Una vez más, no abogo por los insultos descuidados, irreflexivos e insensibles. Pero cuando lo políticamente correcto se convierte en la Regla de Oro, hablar la verdad se convierte en fanatismo. La verdad es crucificada en nombre de la tolerancia, socavando el debate civil, la objeción de conciencia y la convicción religiosa.

Vivimos en una cultura en la que es malo decir que algo está mal. ¡Y creo que eso sí está mal! Permanecer en silencio ante un tema del que Dios ha hablado no es amar, es cobardía. Y cuando no usamos nuestra voz, la perdemos. Como iglesia debemos ser más conocidos por lo que *favorecemos* que por lo que nos *oponemos*. Por eso, actuar como hombres requiere que estemos de pie por lo que creemos, aunque estemos solos.

Veamos algunas preguntas diagnósticas: ¿Cuándo fue la última vez que fuiste criticado? Si hace mucho tiempo, debes ponerte nervioso. ¿Por qué? Porque probablemente significa que estás con la corriente en vez de desafiarla. No te puedes distinguir sin que se produzcan olas, aunque a algunas personas en el bote no les guste. No importa. Mece el bote de todos modos. Además, ¿con qué facilidad te ofendes? Si la respuesta es *fácil*, necesitas hacerte suficientemente fuerte para lidiar con situaciones desagradables. Cuando te ofendes, te vuelves defensivo. Y en el segundo en que te vuelves defensivo, el reino de Dios deja de avanzar a través de ti. Actuar como hombre significa jugar a la ofensiva con tu vida. En el matrimonio, jugar a la ofensiva se llama romance. Con tus hijos, es la diferencia entre padres reactivos y proactivos. En el lugar de trabajo, es traer tu mejor actitud de lunes a viernes, de nueve a cinco.

Jesús fue constantemente acosado por los paparazis religiosos; fue aprehendido por una multitud autojustificada que gritaba: «Crucifícale».[20] Luego fue azotado, escarnecido y clavado en una cruz por los soldados romanos.

Pregunta: ¿Qué no hizo Jesús?

Respuesta: Defenderse.

Jesús seguía jugando a la ofensiva en la cruz. Por eso oró: «Padre, perdónalos, porque no saben lo que hacen».[21] Si estás a la defensiva, averigua a quien necesitas perdonar. ¡Comienza a jugar a la ofensiva orando por ellos!

Sangre, sudor y lágrimas

Los hombres de verdad lloran.

Concluir un capítulo titulado: «Duro como los clavos» en esa onda es un poco gracioso, pero creo que es un final apropiado. Si nada es más difícil para los hombres que desnudar sus almas y revelar sus verdaderos sentimientos, entonces un verdadero tipo duro es alguien que hace precisamente eso.

En veinte años dirigiendo la congregación National Community Church, he tratado de ser fuerte y valiente. Y eso a menudo significa ponerme la cara audaz y seguir adelante. Pero si encuestas a nuestros empleados, apuesto a que muchos de ellos apuntarían a los momentos más significativos y más poderosos en los que me quebranté y lloré.

Recuerdo una vez que me demolieron emocionalmente con una pregunta en una sesión de la Conferencia Catalyst en Atlanta, Georgia. Llevé a nuestro personal a la actividad trece años seguidos, pero ese momento es más relevante que el resto. Craig Groeschel preguntó: «¿Se rompe tu corazón por las cosas que le rompen el de Dios?» Mi respuesta sincera fue no. Mi corazón se había encallecido, no sólo mi piel. Así que retrasamos nuestra reservación en el restaurant P. F. Chang's para venir al encuentro con Jesús con nuestros empleados. Nos confesamos. Lloramos. Y, no como se cura un hueso roto, mi espíritu se hizo aun más fuerte en el lugar donde se había quebrantado.

No estoy diciendo que tienes que llevar tus emociones en la manga. Pero somos hombres, no autómatas. Y, a veces, llorar es liderar.

«Jesús lloró».[22]

Es el versículo favorito de cada niño, ¡dos palabras! Pero esas dos palabras hablan mucho de Jesús. El idioma original indica intensidad. No fue una sola lágrima rodando por su mejilla, ¡aquello fue un desastre! Jesús perdió la compostura; me encanta esa dimensión suya.

Jesús se entristeció. Se enojó. Incluso, resucitó a Lázaro de entre los muertos.

Un buen liderazgo incluye sangre, sudor y lágrimas. Tienes que hacer sacrificios, sangre. Tienes que trabajar duro, sudor. Pero también tienes que dirigir con empatía, lágrimas. Y esa dimensión del liderazgo ¡no se puede fingir!

¿Cuándo fue la última vez que tu mujer te vio llorar?

¿Y tus niños?

¿Y tus amigos?

Si ha pasado mucho tiempo, probablemente estés reprimiendo algo. Y la represión suele conducir a la obsesión o a la depresión. Tu falta de vulnerabilidad no es valiente, ¡es cobarde!

Aprende a ser fuerte.

Llora.

¡Sé hombre!

2

Caballero y erudito

La segunda virtud de la hombría:
Asombro infantil

Cuando llegué a ser adulto, dejé atrás las cosas
de niño.

—1 Corintios 13:11

14 de octubre de 1912
Milwaukee, Wisconsin

En octubre de 1912, Teddy Roosevelt estaba haciendo campaña para la Casa Blanca cuando un supuesto asesino le disparó con una pistola calibre .32. La bala se alojó a cinco centímetros de profundidad en su pecho, pero eso no impidió que Bull Moose [como lo llamaban] diera su discurso. «La bala está en mí ahora», informó Roosevelt a la audiencia, «por lo que no puedo hacer un discurso muy largo».[1] ¡Roosevelt habló durante cincuenta y tres minutos! Cuando terminó, estaba en su propio charco de sangre.

Teddy era un tipo duro, que es una de las razones por las que califica como mi presidente favorito. Considere el currículo varonil de Roosevelt.

Cabalgó en un alce, tomó a un vaquero armado durante una pelea en un bar, cruzó un río congelado persiguiendo a unos ladrones de barcos, trabajó en un rancho en las Dakotas, piloteó un avión de los hermanos Wright, escaló el monte Cervino en los Alpes suizos, pasó un mes en unos safaris africanos, navegó por regiones inexploradas del río Amazonas, dirigió el ataque a Kettle Hill durante la Batalla de San Juan, montó un ring de boxeo en la Casa Blanca para entrenar con cualquiera que se atreviera a entrar en el cuadrilátero con él y fue conocido por sumergirse desnudo en el río Potomac, mientras era presidente.[2]

Y esa es la punta del iceberg. Roosevelt no era de los que se sentaban y dejaban que la vida pasara. Jugaba a la ofensiva con su vida, una ofensiva de prisa. Era como un ejercicio de dos minutos cada minuto de cada hora de cada día.

El estadista inglés John Morley comparó a Roosevelt con las Cataratas del Niágara. «Su mejor cualidad, la que las fotografías y las pinturas no captan, es un perpetuo flujo de energía torrencial».[3]

Uno de los biógrafos de Roosevelt, Edmund Morris, llamó a eso una «energía inhumana». Su descripción del ritual nocturno de Roosevelt es clásica. El presidente se cepillaba los dientes, saltaba a la cama, ponía su revólver junto a la almohada y leía un mínimo de un libro por noche. «Entonces, no habiendo nada más que hacer», dice Morris, «Theodore Roosevelt dormiría enérgicamente».[4]

Teddy era un hombre de hombres, el propio Rough Rider (jinete duro). [Nota del traductor: Rough Riders era el apodo del regimiento de caballería de voluntarios de EE.UU. en el que Teddy estaba cuando se peleaba la Batalla de San Juan.] Sin embargo, nunca perdió su enfoque infantil de la vida. Y ese asombro infantil es la segunda virtud de la hombría. Ser hombre requiere cierto grado de viveza, lo que personificó el vigésimo sexto presidente de los Estados Unidos. Roosevelt no temía dejar a los jefes de estado esperando en el ala oeste mientras terminaba de jugar al escondido con sus hijos en el ala este. Pero su sacra curiosidad y su asombro infantil pueden evidenciarse mejor por su incomparable costumbre de leer, hábito que promedió quinientos libros por año. Y eso fue mientras cumplía con sus deberes como presidente. Ah, y también logró escribir treinta y cinco libros.

¿Sientes que eres un poco perezoso?

¡Yo también!

A primera vista, la hombría y la niñez parecen estar en desacuerdo entre sí, pero no es así.

Que conste, ¡quiero *morir joven* en una vejez fructífera![5]

Teddy Roosevelt era un luchador, sin duda. Pero también era un *pensador*. Y eso es parte integral de lo que significa ser hombre: cerebro y músculo. Roosevelt era un caballero y un erudito; modelaba la segunda virtud de la hombría. Sabía más sobre más cosas que cualquier otro en su época. Pero ¡cuanto más sabes, más sabes cuánto no sabes! El verdadero conocimiento produce una profunda humildad, la cual nutre al asombro infantil.

Esta virtud ciertamente no es exclusiva de los hombres, hallo a los hombres más carentes de ella que las mujeres. En algún momento, la mayoría de los hombres pierden su asombro infantil. Ese es el día en que dejamos de vivir y empezamos a morir. Y aunque eso puede lucir algo sentimental es, en realidad, un asunto de mayordomía.

Según los neurólogos, nuestros cerebros tienen una capacidad de almacenamiento de aproximadamente 2,5 petabytes.[6] ¡Eso equivale a grabar trescientos millones de horas de televisión de alta definición! En pocas palabras, ¡tenemos la capacidad de aprender algo nuevo cada segundo de cada minuto de cada hora de cada día por miles de vidas! Nunca quedaremos sin espacio en el disco duro. Y el supercomputador de un kilo y medio que tenemos dentro de nuestros cráneos funciona con menos energía que una bombilla de veinte vatios.[7] Asombroso, ¿verdad?

El sabelotodo

Hace más de una década, A. J. Jacobs emprendió una indagación para convertirse en la persona más inteligente del mundo. Leyó toda la *Enciclopedia Británica* desde la A hasta la Z; 32 volúmenes; 33.000 páginas; ¡44 millones de palabras!

Después de la universidad, Jacobs hizo lo que describió como una «zambullida intelectual tipo cisne». Llegó a ser escritor de *Entertainment Weekly*, a lo que atribuye parte de la razón de su declive intelectual. «Me llené el cráneo con residuos de cultura pop», escribe Jacobs. «Eso hizo que cualquier cosa profunda fuese echada fuera».[8] Un día se dio cuenta de que sabía más sobre Homero Simpson que sobre Homero el antiguo poeta griego. Fue entonces cuando decidió hacer algo al respecto; y así comenzó su búsqueda.

No defiendo el desenfreno de nutrirse intelectualmente. Después de todo, ya sufrimos de sobrecarga de información. Hay más información en una edición dominical del *New York Times* que la que habría consumido en toda una vida una persona promedio de la Edad Media. No estoy convencido de que necesitamos saber más, necesitamos hacer más con lo que sabemos. Dicho esto, ¡sigue aprendiendo!

«Vive como si fueras a morir mañana», dijo Mahatma Gandhi. «Aprende como si fueras a vivir para siempre».[9]

Esa es una buena regla general.

Según Pew Research Institute, la mitad de los adultos leen menos de cinco libros por año. Y los hombres leen un trece por ciento menos libros que las mujeres.[10] No sé si estás por encima o por debajo del promedio, pero cinco libros al año no es suficiente. Sobre todo porque la mayoría de los hombres promedian unas veinte horas viendo el canal deportivo ESPN por semana, incluido yo.

La ley más importante de la ecología es la siguiente: A ≤ C.

Para que un organismo sobreviva, la tasa de aprendizaje debe ser igual o mayor que la tasa de cambio que ocurre a su alrededor. Con la tasa de cambio creciente, debemos aprender más rápido, aprender mejor y aprender más.

En palabras del futurista John Naisbitt: «Aprender a aprender es lo más precioso que tenemos en la vida».[11] Podría argumentar que aprender a desaprender es realmente primario y aprender a aprender es secundario. Pero de un modo u otro, ambas cosas son importantes.

El vocablo *discípulo* proviene de la palabra griega *mathétés*, cuya raíz significa: «esfuerzo mental necesario para pensar algo». Así que, por definición, discípulo es alguien que nunca deja de aprender.

La fe no es inconsciente.

La fe es consciente.

La mente indecisa no es mejor que la mente indiferente.

Una cuarta parte de la Gran Comisión involucra a la mente. Y amar a Dios con toda tu mente incluye el cerebro derecho y el cerebro izquierdo. También incluye la corteza prefrontal ventromedial, ¡el asiento del humor! ¡No es un chiste!

El máximo caballero

En su novela de 1951, *El guardián entre el centeno*, el autor J. D. Salinger escribe: «Eres un verdadero príncipe. Eres un caballero y un erudito, muchacho».[12] La frase se remonta a la Inglaterra del siglo doce, cuando la erudición era tan célebre como la caballerosidad. Pero fue Salinger quien la volvió a usar.

Esta frase evoca asociaciones de palabras muy diferentes; desde el Agente Especial 007 James Bond hasta El hombre más interesante del mundo, Jonathan Goldsmith.[13]

Yo pienso en Jesús.

Muy poco hablamos de Él en estos términos, pero si aplicas la definición del *Diccionario de la Real Academia Española* —«Hombre que se comporta con distinción, nobleza y generosidad»—, Jesús es la quintaesencia de lo que significa ser un caballero.[14] Nadie trata a las mujeres con más respeto o más dignidad que Jesús. Cuando los fariseos recogieron piedras para arrojárselas a la mujer atrapada en adulterio, Jesús vino en su defensa.[15] Sus acciones hablaban más alto que sus palabras: «Apedrearla, *¡sobre mi cadáver!*» Jesús hizo lo mismo por la mujer que ungió sus pies. Mientras los fariseos murmuraban acerca de sus pecados pasados, ¡Jesús los declaraba perdonados![16]

Jesús no temía ofender a los fariseos, y nunca falló en honrar a las mujeres, aun cuando enfrentara la muerte. Aun cuando Jesús estaba enfrentando la muerte más dolorosa conocida por hombre alguno, lo que más le preocupaba era su madre. Así que le dijo a Juan: «Ahí tienes a tu madre».[17] A partir de ese día, Juan cuidó a María como si fuera su propia madre.

La amabilidad podría ser el fruto más subestimado del Espíritu, sobre todo entre los hombres.[18] Pero no te equivoques, la amabilidad es hombría y la hombría es amabilidad. Medita en la hombría y en la amabilidad como en el puño de acero que está bajo el guante de terciopelo.

No voy a decir mucho sobre el tema de la caballerosidad, no quiero espiritualizar el tema en extremo, pero merece un párrafo. Yo les abro la puerta a las mujeres, quieran ellas o no. Llevo el equipaje de mi esposa, saco su silla para que se siente y la ayudo a ponerse el abrigo. ¿Necesita ella que yo lo haga? No. No, no lo necesita. Lo hago por *mí* tanto como por *ella*. Es mi manera de recordarme el don que Dios me ha dado y la importancia de valorarla. No creo que tengas que inscribirte en las clases de etiqueta del Instituto Emily Post, pero los modales de los caballeros son una manera de honrar a tu esposa.

Algún día alguien pedirá la mano de mi hija para casarse. He estado orando por ese afortunado hombre muchos años. Pero espero que primero me pida mi bendición. Llámame anticuado, pero ese es el protocolo que seguí. Mi suegro era también mi pastor, lo que hacía aquello dos veces más aterrador. Cuando al fin me armé de valor para tratar el asunto, me dijo: «Déjame orar por eso». No es chiste. ¡Se olvidó del pedido y volvió a verme una semana después! Ahora me refiero a esa como mi *semana santa*.

Genio

Jesús es un caballero. También es un genio.

«Hoy pensamos que las personas son inteligentes porque fabrican bombillas, chips de computadoras y cohetes de cosas que ya existen», dice Dallas Willard. «Él hizo la materia».[19]

Obviamos el genio de Jesús porque asumimos su omnisciencia, pero Jesús tuvo que aprender la Torá como cualquier otro niño judío. También tenía que aprender a leer, a escribir y la aritmética. Jesús obviamente sobresalió, como lo demuestra el hecho de que impresionó a los líderes religiosos con sus preguntas a los doce años de edad. Pero tuvo que escalar la curva de aprendizaje como nosotros.

Mi formación académica es algo dispersa. Divido mi educación universitaria entre la Universidad de Chicago y el Central Bible College. Luego hice tres posgrados en teología. Yo no cambiaría una de mis clases de teología, pero habrían sido mucho menos significativas sin mi curso en la Universidad de Chicago. De hecho, mi clase favorita fue inmunología en el Hospital de la Universidad de Chicago. No creo que mi profesor creyera en Dios, pero salía cada semana alabando a Dios por la hemoglobina, la inmunoglobulina y los linfocitos tipo T. Cada clase era una exégesis del Salmo 139:14: «¡Te alabo porque soy una creación admirable!»

Me subscribo a la escuela de pensamiento de Albert Einstein: «La ciencia sin religión es coja, la religión sin ciencia es ciega».[20] Si toda la verdad es la verdad de Dios, ¡entonces todo lo que termine en «logía» es una rama de la teología! Si quieres conocer mejor al Creador, conoce su creación. Cada faceta de ella revela algo acerca de su poder, su sabiduría y su gracia.

No estoy sugiriendo que necesites tener un doctorado en una de las ciencias, pero no sería perjudicial enriquecer nuestro conocimiento y aprender algo de diferentes disciplinas. Y, en ese aspecto, Salomón estableció la norma.

Dios le dio a Salomón sabiduría e inteligencia extraordinarias; sus conocimientos eran tan vastos como la arena que está a la orilla del mar... Compuso tres mil proverbios y mil cinco canciones. Disertó acerca de las plantas, desde el cedro del Líbano hasta el hisopo que crece en los muros. También enseñó acerca de las bestias y las aves, los reptiles y los peces. Los reyes de todas las naciones del mundo que se enteraron de la sabiduría de Salomón enviaron a sus representantes para que lo escucharan.[21]

El rey Salomón era un renacentista dos mil quinientos años antes del Renacimiento. Su sabiduría no se limitaba a la teología; tenía un amplio conocimiento que iba desde la botánica hasta la entomología y la herpetología. Evidentemente, le interesaba todo. Y tal vez por eso los reyes y las reinas de todo el mundo antiguo buscaban una audiencia con él.

«Gloria de Dios es ocultar un asunto», dijo Salomón. «Y gloria de los reyes el investigarlo».[22] Francis Bacon, un filósofo inglés del siglo dieciséis, tenía una fascinante opinión de este proverbio:

Aunque Salomón sobresalió en la gloria de los tesoros y las magníficas construcciones, el transporte marítimo y la navegación, la fama y el renombre, sin embargo, no proclama ninguna de esas glorias, sino sólo en cuanto a la inquisición de la verdad; porque así dice: «Gloria de Dios es encubrir un asunto; pero honra del rey es escudriñarlo» (RVR1960); como si, de acuerdo a un inocente juego de niños, la Divina Majestad se deleitase en esconder sus obras, para al final dejar que las encuentren; y como si los reyes no pudieran obtener un mayor honor que ser compañeros de Dios en ese juego.[23]

Somos compañeros de juego de Dios.

¡Eso es parte de lo que significa ser hombre!

¿Alguna vez les has escondido algo a tus hijos con la esperanza de que lo encuentren? ¿Para que puedan experimentar la alegría del descubrimiento? Eso es lo que Dios hace con nosotros. Para nosotros, la ciencia parece eso. Para Dios, es un juego de escondite. Dios ha escondido claves acerca de su carácter en galaxias macroscópicas y átomos microscópicos. Es nuestra labor, nuestra alegría, descubrirlas. Y con cada descubrimiento, obtenemos una mayor revelación y una mayor apreciación del Creador y de su creación.

Adoración vacía

Durante una charla TED bastante fascinante [TED es una organización sin fines de lucro dedicada a divulgar ideas, bajo la modalidad de charlas cortas de gran alcance), un experto en percepción visual llamado Ed Seckel mostró al público una amplia variedad de imágenes. Una de ellas era un dibujo grabado de una pareja que se abrazaba íntimamente. El público reconoció al instante lo que era, pero de acuerdo a Seckel, ¡los niños no tienen ni idea de eso! ¿Por qué? Porque no tienen memoria previa para asociarla con ella. ¡Algunos de los pequeños dijeron que vieron nueve delfines![24]

¡No puedes ver lo que no sabes!

En su alucinante libro *Mozart's Brain and the Fighter Pilot*, Richard Restak habla de un truismo profundo: aprende más, ve más.

Cuanto más rico sea mi conocimiento de la flora y la fauna de los bosques, más podré ver. Nuestras percepciones cobran riqueza y profundidad como resultado de todas las cosas que aprendemos. Lo que el ojo ve está determinado por lo que el cerebro ha aprendido.[25]

Cuando los astrónomos miran hacia el cielo nocturno, tienen un mayor aprecio por las constelaciones, las estrellas y los planetas. Ven más porque saben más. Cuando los músicos escuchan una sinfonía, tienen un mayor aprecio por los acordes, las melodías y la instrumentación. Escuchan más porque saben más. Cuando los sumilleres prueban un vino, tienen una mayor apreciación del sabor, la textura y el origen. Ellos saborean más porque saben más.

Ahora, yuxtapón eso con esto:

Ahora ustedes [samaritanos] adoran lo que no conocen.[26]

Los samaritanos adoraban a Dios desde una condición de ignorancia. Y cuando adoramos en esa condición, nuestra adoración es vacía. ¡Ni siquiera sabemos quién, qué o por qué estamos adorando!

¿Alguna vez has sido culpable de disculparte con tu esposa sin saber realmente de qué estás arrepentido? ¡Sólo quieres terminar el argumento! He sido culpable de esto dos o más veces y, a veces, mi esposa sospecha que no estoy siendo sincero. Lora me pregunta de qué estoy arrepentido y me atrapa con las manos en la masa. No tengo ni idea de qué es de lo que estoy arrepentido. ¡Sólo estoy arrepentido!

Esa clase de disculpa es falsa, ¿no es así? Si ni siquiera sabes de qué estás arrepentido, es una *disculpa vacía*. Y muchos de nosotros adoramos a Dios de la misma manera. Cantamos las palabras que vemos en una pantalla, pero ¿realmente sabemos lo que significan? Si Dios interrumpiera nuestro canto y nos preguntara por qué estamos cantando eso, quedaríamos sin palabras.

Jesús ofrece una solución:

Dios es espíritu, y quienes lo adoran deben hacerlo en espíritu y en verdad.[27]

Pensamos en las actividades espirituales e intelectuales como esfuerzos mutuamente excluyentes, pero son una misma cosa. El gran amor nace del gran conocimiento. Es más, ¡tu conocimiento es el límite de tu adoración!

El conocimiento no se traduce automáticamente en adoración. Pero en algunos aspectos, la calidad de la adoración está determinada por la cantidad de conocimiento. Cuanto más sepas, más tienes con que adorar.

Aprende más, adora más.

Cum Laude

No creo que tengas que graduarte *summa cum laude* para ser hombre. ¡Pero tampoco debes graduarte *gracias a laude*! Parte de la formación radica en estudiar para «presentarse aprobado». Y eso comienza con la Palabra de Dios. Sé un hombre de palabra, pero más importante aun, sé un hombre de la Palabra.

Pablo exhorta a su hijo espiritual Timoteo: «Esfuérzate por presentarte a Dios aprobado, como obrero que no tiene de qué avergonzarse y que interpreta rectamente la palabra de verdad».[28]

Pablo combina las palabras *trabajo* y *hombre* para crear un maravilloso concepto: *obrero*. Un obrero es alguien que se presenta todos los días, que se llega a la Biblia como el trabajador que excava en la Palabra y sigue excavando.

¿Sabías que los reyes de Israel estaban obligados a hacer una copia de la ley con su propio puño y letra? Entonces se les ordenaba que la llevaran encima en todo momento. Y, finalmente, ¡se les decía que la leyeran todos los días de su vida! ¿Por qué? Para que reverenciaran al Señor y no pensaran que eran mejores que sus compañeros israelitas.[29]

Este es mi consejo: *actúa como rey*.

La Palabra de Dios es medicina preventiva para cualquier cosa que te afecte. Toma una dosis diaria. Para empezar, te hará más inteligente. Pero lo peculiar de la Biblia es que no sólo tú la lees a ella, sino que ella te lee a ti. Es un espejo que te revela quién eres y quién puedes llegar a ser en Cristo. No se puede actuar como hombre sin ser un hombre de la Palabra. Si no tienes un plan de lectura, saca uno de Internet.[30] Luego trabaja el plan. Pero no te detengas ahí.

Pablo escribe: «Cuando vengas, trae la capa que dejé en Troas, en casa de Carpo; trae también los libros, especialmente los pergaminos».[31]

Parece un versículo desechable, pero habla mucho de Pablo, que fue uno de los hombres más eruditos del primer siglo y autor de gran parte del Nuevo Testamento. Pablo podría haber avanzado sin esfuerzo hasta la línea de meta intelectual, ¡pero fue un aprendiz de por vida! No sabemos de qué consistía su lista de lecturas, pero convirtió su celda en una sala de lectura.

Puede parecer una exageración, pero creo que es razonable llevar un libro contigo dondequiera que vayas. Y eso incluye el baño. El hombre promedio pudiera leer un libro al mes si simplemente tuviera uno en su cuarto de baño. ¡Y supongo que algunos de ustedes tienen aun más potencial que eso!

En el siglo décimo, el gran visir de Persia, Abdul Kassem Ismael, llevaba su biblioteca de 117.000 volúmenes consigo dondequiera que iba. Era organizada y llevada por una caravana de cuatrocientos camellos ¡entrenados para caminar en orden alfabético![32]

No hay excusas, muchachos. Especialmente cuando podemos colocar tantos libros en el dispositivo digital que escojamos.

La piedra de la juventud

Antes del decimotercer cumpleaños de mi hijo Parker, pasé varias semanas planeando un rito de paso bastante elaborado, el que detallaré en el último capítulo. Fue la culminación de su pacto de discipulado de un año de duración, que incluyó doce libros que seleccioné.

Decidí celebrar el evento en uno de nuestros lugares favoritos en D.C.: la Isla de Roosevelt. Es una isla de cuarenta hectáreas en medio del río Potomac, frente a Georgetown. Hicimos un poco de senderismo y un picnic en la Isla de Roosevelt cuando los niños estaban creciendo, por lo que era simbólico de su juventud. Yo también sabía que era un lugar al que podríamos volver a lo largo de los años, una piedra de toque en su paso de la niñez a la hombría.

Después de decidirnos por la Isla de Roosevelt, hice un poco de reconocimiento. Sabía que podíamos alquilar kayaks en Georgetown, pero tenía que averiguar dónde tocaríamos tierra. A continuación, asigné a cada uno de sus tíos en diferentes puntos del sendero. Cada tío le dio a Parker una carta con las lecciones aprendidas durante su adolescencia, un regalo simbólico y un discurso modelo. Finalmente, tracé el lugar donde nos reuniríamos después del paseo de su rito de paso: la estatua del propio Teddy Roosevelt.

Detrás de la estatua de Roosevelt se levantaban dos grandes piedras de granito. Una se titulaba: «Juventud». La otra se titulaba: «Hombría». ¿Podría haber un lugar más idóneo para un rito de paso?

El día del paso, hice que Parker pasara unos minutos meditando en cada piedra. Y sin que él lo supiera, saqué unas fotos para capturar el momento.

Cada piedra contiene una compilación de citas de los escritos de Roosevelt:

Juventud

QUIERO VERLOS CHICOS DE JUEGO, QUIERO VERLOS
VALIENTES Y VARONILES, Y TAMBIÉN QUIERO
VERLOS AMABLES Y TIERNOS. SEAN PRÁCTICOS
ASÍ COMO GENEROSOS EN SUS IDEAS. MANTENGAN
SUS OJOS EN LAS ESTRELLAS, PERO RECUERDEN
MANTENER LOS PIES EN LA TIERRA.
TRABAJO DURO VALIENTE, DOMINIO PROPIO
Y ESFUERZO INTELIGENTE SON TODOS ESENCIALES
PARA TENER ÉXITO EN LA VIDA. TANTO PARA
LA NACIÓN COMO PARA EL INDIVIDUO, EL
REQUISITO INDISPENSABLE ES EL CARÁCTER.

Unos años más tarde organicé un rito de paso similar para Josiah. Después de meditar en la piedra de la juventud unos minutos, le pregunté qué palabras significaban más para él. Su frase favorita era la misma mía: «Mantengan sus ojos en las estrellas».

Me encanta esa frase por algunas razones.

«Juventud», muro en memoría de Theodore Roosevelt.

Primero, me recuerda a Dios diciéndole a Abraham que saliera de su tienda y mirara las estrellas.[33] ¿Por qué? Porque mientras Abraham estuviera en la tienda, ¡tenía un techo a solo dos metros y medio de altura! Pero en el momento en que salió de la tienda, el cielo era el límite.

En segundo lugar, me recuerda el viaje al campamento que mis hijos y yo hicimos para poner en marcha el año de discipulado de Parker. Mi memoria más vívida es que nos acostamos sobre un campo abierto en una noche sin nubes.

Hicimos observación astronómica en serio. Entonces Josiah, que sólo tenía seis años en aquel tiempo, dijo: «Mira, ¡papá, una estrella en movimiento!» Estaba tan emocionado que no tuve corazón para decirle que a esas nosotros las llamamos «aviones».

La piedra de la hombría

Después de meditar en las palabras de la piedra de la juventud durante unos minutos, hice que Parker y Josiah cruzaran el umbral y pasaran unos minutos delante de la piedra de la hombría. Cuando lo hicieron, ¡fue como si sus vidas pasaran cual destello ante mis ojos!

HOMBRÍA

LA UTILIDAD DEL HOMBRE DEPENDE DE QUE VIVA
A LA ALTURA DE SUS IDEALES EN LA MEDIDA DE SUS
POSIBILIDADES.
ES DIFÍCIL FALLAR, PERO ES PEOR
NUNCA HABER INTENTADO TENER ÉXITO.
TODA AUDACIA Y VALOR, TODA RESILIENCIA
ACERADA ANTE LA DESGRACIA MOLDEA
UN TIPO DE HOMBRÍA MÁS FINO Y MÁS NOBLE.
SÓLO SON APTOS PARA VIVIR AQUELLOS QUE
NO TEMEN MORIR, Y NO SON APTOS
PARA MORIR AQUELLOS QUE HAN RETROCEDIDO DE
LA ALEGRÍA DE LA VIDA Y DEL DEBER DE LA VIDA.

Me encanta la frase «resiliencia acerada». Y no puedo evitar preguntarme si Roosevelt estaba inclinando su sombrero al proverbio del rey Salomón: «El hierro se afila con el hierro».

«Hombría», muro en memoría de Theodore Roosevelt.

El 10 de abril de 1899, Teddy Roosevelt se presentó ante el Hamilton Club de Chicago y pronunció un discurso titulado: «La vida agotadora». En realidad, era más un sermón que un discurso. En ella Roosevelt declaró:

Quiero predicar, no la doctrina de la innoble facilidad, sino la doctrina de la vida agotadora, la vida de trabajo y esfuerzo, de labor y lucha; predicar de la más alta forma de éxito que viene, no al hombre que desea una paz fácil, sino al hombre que no retrocede ante el peligro, las dificultades o el trabajo amargo, y que de estos gana el espléndido triunfo final.[35]

Basado en todo lo que has leído sobre Roosevelt hasta ahora, puedes sentirte tentado a pensar que nació con el pelo en el pecho. Pero por todas las cuentas, Teddy era un niño de mamá. Incluso en sus años adolescentes, era un debilucho de cuarenta y cinco kilos que sufría de asma severa. Pero Roosevelt tomó la decisión determinante de que sus discapacidades físicas no disuadirían ni aplazarían sus sueños. Se puso a rehacer su cuerpo a través del ejercicio. E hizo lo mismo con su mente.

Antes de entretener a los invitados, Roosevelt leía sobre cualquier tema en el que pudieran estar interesados. Eso le permitió convertirse en un buen conversador. Y yo sugeriría que era una de las maneras en que Roosevelt amaba a su prójimo como a sí mismo: mostraba interés genuino por sus intereses.

Semejanza a niño

Sir John Kirk, un naturalista británico del siglo diecinueve, dijo una vez que si dependiese de él, siempre habría un pequeño niño situado en el corazón de Londres, tal vez en los recintos de la Abadía de Westminster o la Catedral de San Pablo. Y a nadie se le permitiría concursar para un escaño en el Parlamento o convertirse en candidato a cargos públicos hasta que pasara un día con ese niño y pasara un examen en los nuevos métodos de pensamiento, sentimiento y expresión del niño.[36]

¡Eso es *brillante*!

Por supuesto, Dios propuso esa idea hace dos mil años. Colocó a un niño en el centro de su reino. O tal vez debería decir a la entrada, ni siquiera puedes entrar en el reino sin llegar a ser como un niño. En el reino de Dios, la semejanza a un niño se sitúa justo detrás de la semejanza a Cristo. Y yo diría que son sinónimos.

Ahora, déjame lanzar la moneda.

Semejanza a niño = bueno.

Infantilismo = malo.

El apóstol Pablo escribe:

> Cuando yo era niño, hablaba como niño, pensaba como niño, razonaba como niño; cuando llegué a ser adulto, dejé atrás las cosas de niño.[37]

¿Qué significa dejar atrás las cosas de niño?

En verdad, no creo que eso signifique perder nuestro increíble asombro infantil o nuestro sentido del humor. Una vez más, el juego es parte de actuar como hombre. Creo que Pablo está hablando del egocentrismo infantil. Cuando eres un bebé, todo el mundo gira en torno a ti. ¡El mundo existe para satisfacer tus necesidades! Pero en algún momento, necesitas una revolución copernicana. Si tratas de hacer girar el mundo a tu alrededor, ¡serás miserable! ¡Tienes que superar ese egocentrismo para que puedas seguir con lo que sea que Dios te haya llamado a hacer!

Pablo usa tres verbos: *hablar, pensar* y *razonar*. El desafío es este: la parte del cerebro responsable del pensamiento consecuencial, la corteza frontal, no se desarrolla completamente en los hombres hasta alrededor de los veinticinco años.[38] Así pues, dos tercios de la batalla tienen que ver con una mente en proceso de maduración que es incapaz de satisfacer las exigencias de la hombría.

En pocas palabras, los adolescentes están en desventaja intelectual cuando se trata de pensamiento consecuencial. Yo era uno de ellos, ¡y tú también! Hicimos cosas tontas, ¡aunque las evaluemos usando nuestros propios estándares!

Cuando estaba en la escuela secundaria, la policía me paró trece veces. ¡En serio! De alguna manera me las arreglé para conseguir sólo dos multas. No es un mal promedio de bateo. Yo era un conductor tonto, y lo más tonto que hice fue tratar de conducir a través de la nieve con más de tres metros y medio de alto en un estacionamiento de un centro comercial. Marché en retroceso en mi Dodge Colt 1985 alrededor de treinta metros, cambié de despacio a potente, y pisé el pedal a fondo. Cuando golpeé la nieve a unos 56 kilómetros por hora, mis amigos me dicen que era como si una bomba de nieve hubiera explotado.

Que conste, *no puedes* conducir a través de un montón de nieve. Terminé encima de ella, con mi coche inclinado de un lado, así que tuve que subirme por el lado del pasajero. La mirada en el rostro del conductor de la grúa lo dijo todo: *¿Cómo llegaste allá arriba?* Te voy a decir cómo: por no pensar consecuentemente. Tampoco pensé en el hecho de que toda la nieve acumulada en la parrilla delantera y el chasis de mi coche se derretirían en el garaje por la noche, ¡dejando una piscina de agua que les arquearía las cejas a mis padres! Si quieres actuar como hombre, aquí tienes dos preguntas cruciales que hacerte:

1. ¿Cómo puedo ser más semejante a un niño?
2. ¿Cómo puedo ser menos infantil?

Si sólo descubres una de esas preguntas, serás la mitad del hombre que podrías ser.

Maravilla

Uno de mis objetivos como padre es infundir en mis hijos el asombro infantil. Por eso incluí un componente intelectual en el pacto del discipulado. El objetivo no es aprender, ¡es el amor a aprender! Asigné una amplia gama de libros, incluidos ficción y no ficción, ¡porque quería inculcar una sacra curiosidad por todos los aspectos de la vida todas sus vidas!

Uno de mis modelos a seguir cuando se trata de asombro es Arthur Gordon. Leí su maravilloso libro *Wonder* durante el viaje que hicimos a Italia en nuestro decimoquinto aniversario, lo que hace que sea más significativo. De hecho, vimos una de las maravillas naturales del mundo: la Gruta Azul de la costa de Capri. Ese libro me instó como pocos otros a maravillarme, pero un capítulo en particular me llamó la atención: «La noche que cayeron las estrellas».

Cuando era niño, la familia de Arthur Gordon pasaba sus veranos en una casa de playa. Una noche, después de que Arthur se hubiese dormido, su padre entró en su habitación, lo levantó de la cama y lo llevó a la playa. Luego le dijo a un Arthur medio dormido que mirara hacia el cielo nocturno y observara. Justo como su padre dijo, una estrella fugaz se extendió por el cielo. Luego otra. Y otra. Su padre le explicó que en ciertas noches de agosto, el cielo pondría una exhibición de fuegos artificiales mucho mayor que cualquier celebración del Cuatro de Julio.

¡Seis décadas más tarde todavía sería uno de los momentos más mágicos en la vida de Gordon! Reflexionando sobre la influencia de su padre, Gordon dijo que este creía que una nueva experiencia era más importante para un niño pequeño que una noche ininterrumpida de sueño.

«Tuve mi cuota normal de juguetes —dijo Arthur—, pero ya no me acuerdo de ellos. Lo que recuerdo es la noche en que cayeron las estrellas, el día en que montamos en un vagón de cola, la vez que intentamos despellejar al caimán, el telégrafo que hicimos que realmente funcionó».[39]

¿Qué recordarán tus hijos de su niñez?

¡No serán las cosas que les compraste! Y probablemente tampoco sea lo que planificaste anticipadamente como padre. Serán los momentos improvisados que sólo pueden ser identificados por el sexto sentido de un padre. Es tu trabajo crear y captar esos momentos. Y si lo haces, ¡tus hijos se acordarán de ellos sesenta años más tarde!

Arthur Gordon captó la esencia de su padre de esta manera: «Mi padre tuvo, en un grado maravilloso, el don de abrir las puertas a sus hijos, de conducirlos a áreas de espléndida novedad. Sin duda, este es el legado más valioso que podemos transmitir a la siguiente generación: no el dinero, ni las casas ni las herencias, sino una capacidad de asombro y gratitud, un sentimiento de alegría y de estar vivos».[40]

Nuestras vidas no se miden solamente en minutos. Se miden en momentos, esos en que la maravilla invade nuestra realidad ordinaria.

¡Aprovecha lo maravilloso!

Suficientemente pequeño

Hace poco visité los jardines de la Casa Blanca durante el Tour Anual del Jardín en Primavera. Mientras caminaba por la Oficina Oval, vino a mi memoria una historia más de Teddy Roosevelt. Una noche él y su amigo naturalista William

Beebe salieron al césped de la Casa Blanca a mirar las estrellas. Localizando un débil punto de luz en la esquina inferior izquierda de la constelación de Pegaso, Roosevelt dijo: «Esa es la Galaxia Espiral de Andrómeda. Es tan grande como nuestra Vía Láctea. Es una de los cien millones de galaxias. Está a setecientos cincuenta mil años luz de distancia. Consta de cien mil millones de soles, cada uno más grande que el nuestro». Roosevelt y Beebe se maravillaron de esos hechos por un momento. Luego, casi como un niño, el presidente dijo: «Creo que ahora nos sentimos lo suficientemente pequeños, vamos a dormir».[41]

Cien años después, los astrofísicos estiman la existencia de por lo menos ochenta mil millones de galaxias, ¡lo cual debería hacernos sentir aún más pequeños!

«La prueba principal de la verdadera grandeza de un hombre —dijo Sherlock Holmes—, radica en la percepción de su pequeñez».[42]

Un hombre grande sabe lo pequeño que es y esa sensación de pequeñez le hace apreciar cuán grande es Dios. La verdadera medida de un hombre no es cuánto sabe; es cuánto hace con lo que sabe.

Un erudito sabe cuánto sabe y permite que todo el mundo lo sepa. Un caballero y erudito sabe cuánto no sabe. A él le importa menos tener la *razón* que ser *justo*. Le encanta hacer preguntas más que dar respuestas.

Es impulsado por la capacidad de asombro infantil para saber tanto como pueda acerca de tantas cosas como pueda. ¿Para qué? Para poder adorar a Dios tanto como pueda.

¡Sé hombre!

3

Inquebrantable

*La tercera virtud de la hombría:
Fuerza de voluntad*

Ahora soy responsable.

—1 Samuel 22:22, NTV

27 de mayo de 1943
Océano Pacífico Sur

En 1943, el *Avispón Verde* —un bombardero B-24 de la fuerza aérea del ejército—, estaba en una misión de búsqueda y rescate cuando su motor se averió y cayó en el Océano Pacífico. El subteniente Louie Zamperini sobrevivió al accidente, pero se perdió en el mar. Encontrar una balsa salvavidas en un océano que cubre un tercio del planeta Tierra es mucho más difícil que hallar una aguja en un pajar. Durante cuarenta y siete días, Louie sobrevivió con agua de lluvia, pescado crudo y fuerza de voluntad.

La corriente ecuatorial llevó su balsa dos mil millas hacia las aguas controladas por los japoneses, donde se convirtió en prisionero de guerra. Cuando Mutsuhiro —el Pájaro— Watanabe, uno de los criminales de guerra más buscados de la Segunda Guerra Mundial, descubrió que Louie era un ex atleta olímpico estadounidense, se deleitó torturando su mente, su cuerpo y su espíritu. Si puedes tolerarlo, lee el libro o ve la película *Unbroken*.

Poco después de que su avión se estrellara, Louie fue clasificado por el ejército estadounidense como KIA(siglas en inglés para muerto en combate). Después de todo, ¿cómo podría alguien salvarse de un accidente como ese o sobrevivir en el mar tanto tiempo? Louie era solo piel y huesos cuando lo capturaron, habiéndose desgastado a menos de la mitad de su peso corporal original: era un «cadáver respirando».[1] Las piernas que casi habían roto la barrera de una milla en cuatro minutos apenas podían mantenerlo erguido. Y después de dos años en los campos de guerra japoneses, Louie estaba aún peor.

Louie sobrevivió a las palizas diarias con una vara de bambú para kendo. Sobrevivió a 220 golpes en la cara. Sobrevivió a los guardias burlones que lo hicieron bailar el Charleston mientras estaba casi completamente desnudo. Sobrevivió al frío riguroso y al calor brutal. Sobrevivió a trabajos forzados, acarreando —con pala— veinte toneladas de carbón al día en el patio de ferrocarriles de Tokio. Sobrevivió a las tareas de la celda, cargando cubos de desechos nauseabundos.

A través de todo eso, Louie actuó como un hombre. Sobrevivió al infierno en la tierra y vivió otros setenta años después de su rescate y liberación.

¿Cómo lo hizo?

Aguantó dos años en un campamento de guerra japonés de la misma manera que sobrevivió cuarenta y siete días en el mar e igual que cuando se entrenó para la carrera de cinco mil metros en los Juegos Olímpicos de Berlín de 1936. Louie Zamperini es una extraña raza de hombre, ejemplo de la tercera virtud de la hombría: la *fuerza de voluntad*.

¡Sin ella no puedes actuar como hombre!

Fue la fuerza de voluntad lo que mantuvo vivo a Zamperini.

Fue la fuerza de voluntad lo que evitó que Policarpo se retractara.

Fue la fuerza de voluntad lo que mantuvo a Cristo en la cruz.

Capacidad de respuesta

En un campo de exterminio nazi, un psiquiatra austriaco llamado Viktor Frankl fue despojado de sus posesiones, de su ropa, incluso de su nombre. Fue reducido a un número de prisioneros: 119.104. Su madre, su hermano y su esposa no sobrevivieron al campo de la muerte. Después de su liberación, Frankl escribió un libro para la posteridad: *Búsqueda de Dios y sentido de la vida*. En esa obra, Frankl revela el secreto de su supervivencia: «Le pueden quitar todo a un hombre, menos una cosa, la última de las libertades humanas: elegir la actitud en cualquier circunstancia».[2]

¿Fueron Louie Zamperini o Viktor Frankl responsables del sufrimiento que aguantaron? Absolutamente no. Fueron víctimas del mal encarnado. Pero aunque no hayan sido responsables, fueron *capaces de responder*. Y esa capacidad marca toda la diferencia en el mundo. No hay ninguna situación bajo el sol en la cual tu capacidad de responder te pueda ser quitada. No puedes controlar tus circunstancias, pero puedes controlar tus reacciones a ellas. ¡Y eso es lo que distingue a los hombres de los muchachos!

Asumir la responsabilidad (en este caso, la capacidad de responder) no es admitir la culpa. Significa *sacar el máximo provecho de cualquier situación en la que te encuentres.* Y eso requiere una enorme fuerza de voluntad en circunstancias difíciles.

¿Qué haces cuando tu matrimonio se desmorona? ¿Cuando tu ambiente de trabajo va de mal en peor? ¿Cuando una adicción se sale de control?

En primer lugar, anímate.

En este mundo afrontarán aflicciones, pero ¡anímense! Yo he vencido al mundo.[3]

En segundo lugar, ¡asume la responsabilidad!

George Bernard Shaw, el gran dramaturgo y activista político irlandés, dijo: «La gente siempre está culpando a sus circunstancias de lo que ellos son. No creo en las circunstancias. Las personas que avanzan en este mundo son las que se levantan y buscan las circunstancias que quieren y si no las encuentran, las hacen».[4]

Miedo es dejar que tus circunstancias se interpongan entre tú y Dios.

Fe es dejar que Dios se interponga entre tú y tus circunstancias.

La demora de la gratificación

En 1972, un psicólogo llamado Walter Mischel llevó a cabo una serie de estudios sobre la demora de la gratificación, conocida como el «Experimento de Marshmallow de Stanford». El estudio original se realizó en una guardería infantil llamada Bing Nursery School, con niños de cuatro a seis años. Se le ofrecía un solo malvavisco a cada niño, y si podía resistirse a comérselo de inmediato, se le prometían dos en vez de uno. Una cámara oculta permitió que los investigadores observaran la forma en que los niños respondieron a esa situación. Unos tomaron el malvavisco en el momento en que el investigador salió de la habitación, mientras que otros reunieron tanta fuerza de voluntad como pudieron, empleando una amplia variedad de tácticas de resistencia a la tentación. Los niños entonaban canciones, jugaban, se cubrían los ojos e incluso intentaban dormir.

El objetivo del experimento era ver si la capacidad de los niños para demorar la gratificación se correlacionaba con el rendimiento académico a largo plazo, por lo que los registros académicos de los 216 niños que participaron fueron rastreados hasta que terminaran la escuela secundaria. Cuando se hicieron referencias cruzadas de los resultados longitudinales con los tiempos de demora de la gratificación, los investigadores encontraron que los niños que exhibían la capacidad de demorar la gratificación por más tiempo eran de una formación académica excelente. Ellos lograron, en promedio, 210 puntos más en el SAT (prueba estandarizada de evaluación académica para la admisión universitaria en Estados Unidos). La prueba de los malvaviscos fue dos veces más poderosa como indicador del logro académico que el CI (coeficiente intelectual).[5] Los niños con gratificación demorada también eran más autosuficientes y socialmente competentes. Tomaban la iniciativa más frecuentemente y manejaban el estrés más eficazmente. Y en un estudio de seguimiento realizado cuatro décadas después de la investigación inicial, tenían mayores ingresos, matrimonios más fuertes y carreras más felices.[6]

Si quieres tener éxito en cualquier cosa, *demora la gratificación*. ¡Por supuesto, es más fácil decirlo que hacerlo! Pero la clave es la fuerza de voluntad.

La salsa secreta

Cuando estaba en mis veintitantos años, pasé una semana con Jack Hayford en su Escuela de Apoyo Pastoral. Esa semana transformó la trayectoria de mi ministerio. Jack tiene ahora ochenta y tantos años, ¡y su ingenio y sabiduría superan todos los límites! En una reunión de pastores no hace mucho tiempo, habló de su salsa secreta. Es tan simple como profunda: *toma decisiones contra ti mismo*.

Queremos éxito sin sacrificio, pero la vida no funciona de esa manera. El éxito no debe estafarse. Tienes que pagar el precio, nunca sale en oferta. La mejor decisión que puedes tomar *por* ti mismo es tomar decisiones en tu *contra*. Tienes que disciplinarte para hacer las cosas correctas día tras día, semana tras semana, año tras año. Y si lo haces, la recompensa es mucho mayor que el precio que pagaste. Nada acumula interés como la demora de la gratificación.

En dos horas, Jack detalló algunas de las decisiones definidas y difíciles que había tomado. Algunas de ellas estaban enfocadas en resistir la tentación. Eran decisiones correctas o incorrectas, negras o blancas. Otras eran asuntos de convicción personal. No serían erróneas para nadie más, pero lo eran para Jack. Por ejemplo, dejó de comer chocolate, lo cual ciertamente califica como una decisión contra sí mismo.

Jack sería la primera persona en decir que no hay nada malo con el chocolate. ¡Gracias a Dios por el chocolate caliente, el fondue de chocolate y el pastel de lava de chocolate fundido! Pero por casi treinta años, Jack no ha comido chocolate. ¿Por qué? No porque sea malo, sino porque es una decisión propia, una convicción personal. Sentía que Dios quería que se alejara del chocolate. Así que decidió contra sí mismo y, como puedes imaginar, eso le ha ayudado a ejercer autocontrol en otras áreas de su vida.

Si quieres lo mejor de Dios, no puedes simplemente decirle no a lo que está mal. Tienes que decirle no a la segunda mejor opción. ¡Bueno no es lo suficientemente bueno! A eso es que el apóstol Pablo se refiere cuando escribe:

«Todo está permitido», pero no todo es provechoso.[7]

Esta pequeña diferencia entre lo *permisible* y lo *provechoso* es la diferencia entre lo bueno y lo grande. No te conformes con lo que es permisible. Ese es el camino de menor resistencia. ¡Persigue la grandeza yendo la milla extra!

Esta fuerza de voluntad no tiene que ver con la mía, sino con la voluntad de Dios: «hágase tu voluntad».[8] Es una voluntad que ha sido completamente rendida al señorío de Jesucristo. Es una decisión santificada que se niega a transigir con sus convicciones.

Ahora, traigamos esta idea a tierra.

Si quieres salir de una deuda, tienes que tomar decisiones contra ti mismo financieramente. Eso se llama ajustarse a un presupuesto. Si quieres ponerte en forma, tienes que tomar decisiones físicas contra ti mismo. Inscríbete en un gimnasio. Si quieres crecer espiritualmente, tienes que tomar decisiones contra ti mismo. Trata de ayunar.

¿Qué decisión debes tomar contra ti mismo? Si tienes el valor de hacerlo, será lo mejor que hayas hecho por ti mismo. Si no me crees, pregúntale a un atleta de clase mundial o a un músico famoso. La única manera en que te haces grande en cualquier cosa es tomando decisiones contra ti mismo.

El músculo «no»

El cuerpo humano tiene más de seiscientos músculos. Y en caso de que te interese saberlo, ¡tienen el potencial de levantar veinticinco toneladas si todos se combinaran al mismo tiempo, de la misma manera! El músculo más trabajador es el corazón, que bombea casi diez mil litros de sangre a través de noventa y seis mil kilómetros de venas, arterias y capilares cada día. El músculo más grande es el glúteo mayor. Y el más fuerte es el músculo masetero de la mandíbula, que puede aplicar doscientas libras de fuerza sobre los molares.

Esos músculos son poderosos y te dan la fuerza necesaria para que hagas lo que tengas que hacer. Sin embargo, un solo músculo te da la fuerza para no hacer lo que no se debe hacer. Lo llamo el músculo «no». Y se emplea sólo a través de la fuerza de voluntad.

Es el músculo que flexionas cuando dices no al sueño, no al sexo o no al postre. No es tan fácil de ejercitar como tus pectorales, pero la mejor manera de presionar es a través de una disciplina espiritual llamada ayuno. El ayuno te ayuda no sólo a romper los malos hábitos, sino también a forjar la fuerza de voluntad. Si puedes decirle no a la comida, ¡puedes decir que no a casi cualquier cosa! Jesús estableció el estándar, ayunando por cuarenta días. Y no es casualidad que la primera tentación que enfrentó fue un desafío del diablo para convertir una piedra en pan. Pero Jesús aprovechó cada pizca de su fuerza de voluntad, diciendo: «No solo de pan vive el hombre».[9]

En esencia, el ayuno es la forma en que declaramos nuestra dependencia de Dios; le necesitamos más de lo que necesitamos alimento. Se necesita una enorme fuerza de voluntad para renunciar a la comida, pero eso cultiva una tremenda fuerza de voluntad en otras áreas de nuestras vidas.

Si puedes ejercer la disciplina físicamente, te ayudará a practicar la disciplina espiritual diaria de leer la Escritura y viceversa. Si practicas la disciplina espiritual de la oración, te ayudará a seguir con tu régimen de ejercicio o dieta.

La disciplina engendra disciplina.

Doce legiones

Encontramos dos palabras griegas usadas para «poder» en la Escritura, y forman una interesante relación. *Dunamis* es el poder para hacer cosas superiores a tu capacidad natural. De ello recibimos la palabra *dinamita*. *Exousía* es el poder para no hacer algo que está dentro de tu capacidad.

Se necesita *dunamis* para levantar doscientas libras.

Se necesita *exousía* para comerse una sola galleta Oreo.

Ambos tipos de poder son importantes, pero la exousía es más rara. Es la buena y antigua fuerza de voluntad, y es la diferencia entre actuar como un hombre y actuar como un tonto.

Jesús caminó sobre el agua y a través de las paredes. Sanó a los enfermos y resucitó a los muertos. Su *dunamis* superaba todos los límites. Pero su mayor victoria la ganó con *exousía*. Cuando Jesús pendía de la cruz, dijo: «¿Acaso piensas que no puedo ahora orar a mi Padre, y que él no me daría más de doce legiones de ángeles?»[10]

Una legión era la unidad más grande en el ejército romano, el cual consistía de seis mil soldados. Así que Jesús tenía setenta y dos mil ángeles a su disposición. Atiende, *un* ángel podía haber sido suficiente. Jesús pudo haber ejercido su *dunamis* matando a los soldados que lo estaban asesinando. Pero en vez de usar su poder, usó su fuerza de voluntad.

El León de la Tribu de Judá dejó que los romanos lo azotaran, se burlaran de Él y lo escupieran. El Anciano de Días dejó que le arrancaran su manto y puso una corona de espinas sobre su cabeza. El Omnipotente dejó que lo clavaran en una cruz.

¿Qué lo mantuvo allí? No fueron los clavos de dieciocho centímetros, ¡seguro que no! Fue su *exousía* lo que lo mantuvo en la cruz. El mismo tipo de *exousía* que se necesita para llevar nuestras cruces.

La isla de la tentación

Primero es lo primero: nadie está más allá de la tentación. No importa cuán maduro seas espiritualmente, la resaca de la tentación está tratando de succionarte y ahogarte en la lujuria, el orgullo o la culpa. Incluso Jesús no estaba más allá de la tentación.

> Porque no tenemos un sumo sacerdote incapaz de compadecerse de nuestras debilidades, sino uno que ha sido tentado en todo de la misma manera que nosotros, aunque sin pecado.[11]

Ser como Cristo, en parte, implica ser tentado en todos los sentidos, igual que lo fue Él. Y cada vez que pasas una prueba, te gradúas para el siguiente nivel de madurez espiritual. Así que deja de ver la tentación como un mal necesario. Es una oportunidad de oro para crecer en carácter y probarte a ti mismo ante Cristo. ¿Pasarás con honores todas las pruebas? No, no lo harás. Pero ahí es cuando te arrepientes y repites.

Superar la tentación comienza cuando reconoces los desencadenantes.

La mayoría de los hombres nos metemos en problemas cuando estamos cansados, solos o aburridos. Y el rey David es un gran ejemplo de eso. ¿Por qué cayó en pecado con Betsabé? Creo que se expuso a la tentación el día que envió a su ejército a la guerra y se quedó en casa. Estar al margen de la guerra, irónicamente, fue mucho más peligroso en lo espiritual que estar en la línea de combate. David tenía demasiado tiempo libre en sus manos y las manos ociosas son un taller del diablo.

En la primavera, que era la época en que los reyes salían de campaña, David mandó a Joab con la guardia real y todo el ejército de Israel para que aniquilara a los amonitas y sitiara la ciudad de Rabá. Pero David se quedó en Jerusalén.

Una tarde, al levantarse David de la cama, comenzó a pasearse por la azotea del palacio, y desde allí vio a una mujer que se estaba bañando. La mujer era sumamente hermosa, por lo que David mandó que averiguaran quién era, y le informaron: «Se trata de Betsabé, que es hija de Elián y esposa de Urías el hitita».[12]

Esto no es ciencia espacial.

David estaba solo: estaba solo en casa. David estaba aburrido: estaba jugando *Call of Duty* [videojuego, *Llamado del deber*) en vez de cumplir con su deber como comandante en jefe. Además, estaba cansado: la hora encantadora era la de la tarde, después de un largo día sin hacer nada.

¿Por qué David caminaba por su tejado? ¡Porque no tenía nada más que hacer! Así que en vez de actuar como hombre, actuó como un mirón.

El secreto de no pecar es *no* pecar.

¡El secreto para pecar menos es soñar más! Necesitas un sueño del tamaño de Dios que sea más grande y mejor que cualquier tentación pecaminosa que enfrentes. Necesitas una visión para tu matrimonio que sea mejor que la pornografía en Internet. Necesitas una visión para tu vida que sea más grande y mejor que la ambición egoísta.

Así es como sales de la isla de la tentación.

Factores desencadenantes

Jesús, lleno del Espíritu Santo, volvió del Jordán y fue llevado por el Espíritu al desierto. Allí estuvo cuarenta días y fue tentado por el diablo. No comió nada durante esos días, pasados los cuales tuvo hambre.[13]

Lucas es el Capitán Obvio. ¿Jesús tenía hambre después de cuarenta días de no comer? ¿En serio? La verdad es que estaba muerto de hambre, lo que hace que la primera tentación sea muy predecible. El diablo lo tentó a convertir una piedra en pan: gratificación instantánea. Pero Jesús no mordió el anzuelo.

El enemigo sabe *cómo* golpearnos donde duele y *cuándo* hacerlo. ¿Es casualidad que la primera tentación involucrara comida? No. Jesús estaba más vulnerable en ese sentido. El enemigo incluso trató de usar la Escritura para racionalizar una transigencia, pero Jesús contrapuntó con un jab izquierdo:

No solo de pan vive el hombre.[14]

Pregúntate: ¿Tienes una necesidad que no está siendo satisfecha? Ese es el objetivo del enemigo. Esta es precisamente la razón por la que las parejas casadas deben cultivar una vida sexual saludable. La mejor defensa es una buena ofensiva. Tal vez por eso Dios les dio a los hombres recién casados un año libre de trabajo o responsabilidades en tiempos del Antiguo Testamento: para cultivar esa fuerte ofensiva.

No envíes a la guerra a ningún hombre recién casado, ni le impongas ningún otro deber. Tendrá libre todo un año para atender su casa y hacer feliz a la mujer que tomó por esposa.[15]

¡No se necesita ninguna exégesis! Lo que me gusta de esto es que es un *mandamiento*. Más mandamientos, por favor.

Tengo un amigo pastor que estaba enseñando sobre el tema del sexo para el tiempo en que Wilt Chamberlain afirmó haber tenido veinte mil parejas sexuales. Durante su sermón, mi amigo anunció: «He tenido sexo veinte mil veces, pero ha sido con la misma mujer». Para esa fecha tenía dieciséis años de casado. ¡Haz las matemáticas! Eso sería 3,425 veces al día, siete días a la semana. ¡No lo creo!

¿Puedo hablar con franqueza?

No he conocido muchos hombres que sientan que ejercitan demasiado sexo. Rara vez escucho a un tipo decir: «No puedo mantener el ritmo de mi esposa». Esos hombres pueden existir, pero apuesto a que tienen una líbido por debajo del promedio. No es que haya algo malo en eso. Sin embargo, muchos hombres casados se sienten desfavorecidos con respecto al sexo, lo cual es una forma peligrosa de sentirse en cualquier matrimonio. Esos hombres se sienten engañados, por lo que a menudo utilizan esa situación como excusa para engañar a sus esposas.

Nueve de cada diez veces pecamos porque tratamos de satisfacer una *necesidad legítima* de una *manera ilegítima*. Racionalizamos el pecado en vez de asumir la responsabilidad (capacidad de responder) de nuestra situación.

No hay excusa para serle infiel a tu cónyuge, ¡nunca! ¡Esa es la antítesis de actuar como hombre!

Ahora, vayamos al grano.

Comienza por hacer un inventario de la tentación. ¿Cuáles son tus factores desencadenantes? Pregúntate *cuándo*, *dónde* y *cómo* ocurre. ¿Cuándo te rindes a los pensamientos lujuriosos? ¿Es tarde en la noche? ¿Es cuando viajas solo?

¿Cuándo pierdes la paciencia? ¿Dejas que tu frustración en el trabajo hierva en casa? ¿O son tus estallidos de enojo resultado de la frustración sexual?

Una vez que identifiques tus factores desencadenantes, da un paso proactivo. Por ejemplo, cuando estés en un hotel mientras viajas solo, pídele a la persona de la recepción que quite los canales de películas. Hala el enchufe antes que puedas halar del gatillo. Cancela la suscripción, cancela la revista o cancela la cita.

Tú sabes lo que debes hacer. Ahora hazlo.

Jesús estaba usando una hipérbole cuando habló de sacar y tirar el ojo que te hace ver con lujuria, y cortar la mano que te hace pecar.[16] La hipérbole no debe tomarse literalmente, pero mejor es que la tomes muy en serio. Tienes que tomar medidas preventivas.

Es insensato coquetear con la tentación. Ni siquiera deberías tocarla con un poste de tres metros de largo. ¿Por qué? Porque todo lo que el enemigo necesita es un punto de apoyo:

una mentira, una transigencia, un solo clic. Y si le das un centímetro, se agarrará un kilómetro.

Ahora, veamos unas buenas noticias.

En primer lugar, no estás solo.

En segundo lugar, tú puedes hacer esto.

Ustedes no han sufrido ninguna tentación que no sea común al género humano. Pero Dios es fiel, y no permitirá que ustedes sean tentados más allá de lo que puedan aguantar. Más bien, cuando llegue la tentación, él les dará también una salida a fin de que puedan resistir.[17]

No puedo prometerte que vas a superar el récord de bateo. Pero puedes ganar más batallas que las que pierdes contra la tentación. Siempre hay una salida. Por supuesto, puede que te tome tanto tiempo para salir como el que te tomó para entrar. ¿Puede Dios liberarte en un día? No hay duda de ello. Pero debes comportarte acorde y respaldar ese momento de liberación día tras día. ¿Cómo? Enfócate en asumir disciplinas diarias saludables y positivas para que no caigas de nuevo en la trampa de la tentación.

Los peñascos de las cabras

Cuando David tenía veintitantos años, ya era un fugitivo político. Saúl lo perseguía tratando de matarlo, así que David se escondió en un lugar llamado los «peñascos de las cabras». Precisamente donde yo me habría escondido también, sólo para poder decirlo. ¡Eso te hace sentir como más hombre! «¿Dónde has estado? —alguien podría preguntar—. ¡En los peñascos de las cabras!, diría yo». ¡Eso es más genial que una cueva!

Por el camino, llegó a un redil de ovejas; y, como había una cueva en el lugar, entró allí para hacer sus necesidades. David estaba escondido en el fondo de la cueva, con sus hombres, y estos le dijeron: «En verdad, hoy se cumple la promesa que te hizo el Señor cuando te dijo: Yo pondré a tu enemigo en tus manos, para que hagas con él lo que mejor te parezca». David se levantó y, sin hacer ruido, cortó el borde del manto de Saúl.[18]

Esto es clásico, ¿verdad? No sabemos qué necesidad tuvo que hacer Saúl pero, de cualquier manera, David estaba en el mismo lugar. Basado en el hecho de que David tuvo tiempo suficiente para cortar un borde de su manto, ¡supongo que hacer aquello requería más tiempo! Y este pequeño hecho no es insignificante.

Si nos referimos a una necesidad más prolongada de Saúl, la integridad de David es mucho más impresionante. ¿Por qué? Porque esta no fue una tentación explosiva. David tuvo tiempo de pensar en ello y de actuar en consecuencia. De hecho, sus hombres tuvieron tiempo suficiente para presionarle a fin de que lo hiciera. Parecía una oportunidad de oro para matar al rey y agarrar la corona, pero una oportunidad *no es* tal cosa si tienes que comprometer tu integridad.

Si tienes que mentir en un currículo o retener información durante un proceso de entrevista, no vale la pena conseguir ese trabajo. Si lo consigues arriesgando tu integridad, probablemente tendrás que hacer lo mismo para mantenerlo.

Cada hombre tiene momentos decisivos en su vida en que su integridad es probada. Estamos tentados a tomar un atajo, para convertir una piedra en pan en vez de hornear el pan. Pero eso siempre causa un corto circuito en la voluntad buena, agradable y perfecta de Dios.

No vayas por allí.

Pierde «la oportunidad» por el bien de tu integridad.

David estaba a pocos centímetros y a pocos minutos de distancia de convertirse en rey de Israel. Todo lo que tenía que hacer era apuñalar a Saúl por la espalda, pero él sabía que Saúl era ungido y asignado por Dios. Era contrario a la ley matar al rey, por muy malo que este fuera. Dios había instalado a Saúl y podía sacarlo. Así que David ejerció tremenda *exousía* al no tomar el asunto en sus propias manos. Si hubiera matado a Saúl, sus huellas digitales habrían quedado por todas partes. Y cuando dejamos nuestras huellas sobre algo, por lo general significa que hemos tomado las cosas en nuestras propias manos en vez de ponerlas en manos del Dios todopoderoso.

Integridad épica

Vivimos en una cultura que celebra el talento más que la integridad, pero es al revés. El talento se deprecia con el tiempo, al igual que nuestros cuerpos. Nuestra fuerza física y nuestra apariencia disminuyen. Podemos incluso perder nuestras mentes. Pero nunca tenemos que perder nuestra integridad. La integridad se aprecia con el tiempo, ¡por la eternidad!

Bobby Jones es uno de los golfistas más grandes de la historia y fue el primer jugador en ganar cuatro torneos majors en un año. Pero Jones era una persona aun mejor. Ganó trece majors antes de retirarse a la edad de veintiocho años, pero fue el torneo que perdió el que lo distinguió. Jones tomó un penalti de un golpe en el Abierto de Estados Unidos de 1925, a pesar de que nadie más lo vio tocar su pelota con el palo de golf. Jones no estaba del todo seguro de haber tocado la pelota, y los oficiales de reglamentos lo animaron a no tomar la penalización, pero Jones evaluó la penalización *por si acaso*. Jones perdió el torneo por un golpe, pero mantuvo intacta su integridad. Ganar el Abierto de EE.UU. no valía un penalti de un solo golpe que afectara su integridad.

Eso es integridad épica.

Cuando los organizadores del torneo lo felicitaron por su elección, Jones dijo: «Pueden entonces alabarme por no robar bancos. Sólo hay una manera de jugar este juego».[19] ¡Y sólo hay una manera de actuar como hombre! Bobby Jones jugó según las reglas. Al hacerlo, honró la integridad del juego.

¿Y David estaba consternado por haber cortado el borde del manto de Saúl?[20]

¿En serio? Saúl arrojaba lanzas contra David, y David se golpeaba por haber cortado el borde del manto de Saúl. Es difícil de creer, ¿no? Pero David era un hombre cuya conciencia estaba sensibilizada al Espíritu Santo.

¿La lección? No cortes caminos.

Tú no eres definido por lo que eres cuando todo el mundo te observa. Te defines por lo que nadie ve, excepto el Ojo que todo lo ve. Ese es el que tú eres realmente.

Tu integridad es tu legado.

Tu integridad es tu destino.

Eso es cierto con el rey David.

Eso es cierto con Bobby Jones.

Eso es cierto contigo.

¡Sé hombre!

4

El dragón de tres cabezas

La cuarta virtud de la hombría:
Pasión agresiva

Desde los días de Juan el Bautista hasta ahora, el reino de los cielos sufre violencia, y los
violentos lo conquistan por la fuerza.
—Mateo 11:12, NBLH

Diciembre de 1874
Montañas de la Sierra Nevada

John Muir, extraordinario naturalista, atacó una vez a un
oso solo para poder estudiar su marcha.[1] ¿Hay algo más que
necesites saber sobre este hombre? ¡Eso es tan loco como
perseguir a un león en un foso en un día de nieve! Muir hizo
una caminata, cierta vez, de mil seiscientos kilómetros desde

Louisville, Kentucky, a Nueva Orleans, Luisiana. ¿Por qué? Porque quiso. Exploró sesenta y cinco glaciares en el territorio de Alaska, y se deslizó en trineo en algunos de ellos. Además, un siglo antes de que Bear Grylls se aventurara con celebridades en su programa en vivo *Running Wild*, John Muir llevó al presidente Teddy Roosevelt a la sombra de El Capitán. Y, por supuesto, ¡Muir hizo todo eso antes de que existieran los sistemas de posicionamiento global (GPS) REI o las estufas de camping de 30,0000-BTU!

Si alguna vez has visitado el Parque Nacional Yosemite, le debes un agradecimiento a John Muir. Y si no lo has visitado, debes hacerlo. Caminar hasta la cima de Half Dome fue mi meta de vida # 89, ¡y califica como una de mis caminatas favoritas de todos los tiempos![2] Además, muy apropiadamente, hice una excursión por el *John Muir Trail* para llegar allí.

John Muir encarnó las virtudes de la hombría de una manera única. El santo patrón del desierto estadounidense era un hombre con una misión. Su visión, su pasión, «era salvar al alma norteamericana de una entrega total al materialismo».[3] Al igual que Juan el Bautista, Muir se vio a sí mismo como un profeta clamando en el desierto, clamando *por* el desierto. ¿Su objetivo? Sumergir a todo el mundo en lo que llamó un «bautismo de montaña».

A partir de una edad temprana, Muir leía las Escrituras todos los días. En realidad, hizo más que leerlas; se memorizó todo el Nuevo Testamento.[4] Luego, volvió su atención al libro de la naturaleza o, como lo llamó, «la invención de Dios».[5] Muir creía que el Creador se revelaba constantemente a través de su creación, por lo que la estudió con una sensación de asombro infantil más que quizás cualquier persona antes ¡o cualquier persona desde entonces!

En 1874, Muir escribió un artículo para la revista *Scribner* titulado: «Tormenta de viento en los bosques de los Yuba». Muir estaba en la cabaña de un amigo asentada en la Sierra Nevada cuando una tormenta invernal azotó el valle. En vez de buscar refugio, Muir buscó aventura. Los fuertes vientos doblaron los árboles hasta que se quebraron, rompiendo cientos de ellos en cuestión de horas.

Pero, ¿qué hizo John Muir?

Ubicó el grupo de abetos de Douglas más altos que pudo hallar y subió uno de ellos hasta el tope. El árbol de treinta metros se balanceaba hasta treinta grados, de un lado a otro, mientras Muir se aferraba a su vida, deleitando sus sentidos en las vistas, sonidos y olores de la tierra, el viento y la tormenta.

«En tales ocasiones, la naturaleza siempre tiene algo raro que mostrarnos», dijo Muir. «Y el peligro de perder la vida o una extremidad no es mucho mayor que lo que uno experimentaría agazapado de manera desdeñosa bajo un techo».[6]

La mayoría de la gente vive como si el propósito de la vida fuera llegar con seguridad a la muerte, pero no era el caso de Muir. Él tenía una pasión bárbaramente agresiva por la vida. Y esa es la cuarta virtud de la hombría masculina: *pasión agresiva*. Es un celo por la vida que no se conforma con lo corriente. Es una energía insaciable que te motiva a vivir cada día como si fuera el primero y el último de tu vida. Es un entusiasmo contagioso que sólo puede provenir de una llenura desbordante del Espíritu Santo.

La palabra *entusiasmo* viene de las raíces griegas *en* y *Theos*, que significa *en Dios*. Así que cuanto más te metas en Dios, y cuanto más se mete del Espíritu de Dios en ti, más apasionado te vuelves.

El tercer bautismo

Creo en el bautismo por inmersión, pero no sólo con agua. También creo en el bautismo por fuego. Es el bautismo al que Juan el Bautista apuntó proféticamente: un bautismo en el Espíritu, por el Espíritu.[7] Sin él, estamos por debajo del promedio. Con él, comienza el juego. También hay un tercer bautismo: un bautismo en la hombría.

Así como el bautismo en agua simboliza nuestra muerte al yo y nueva vida en Cristo, el tercer bautismo es un rito que celebra el paso de la infancia a la hombría. Es un terreno de prueba donde la resistencia mental y la dureza física se prueban al límite. Sin prueba, el hombre nunca sabe con certeza si es lo suficientemente hombre.

Eso es lo que falta en nuestra cultura, en nuestra generación.

Cuando creé el pacto del discipulado y el año del discipulado para mis hijos, no pensé en ello como un tercer bautismo. Francamente, estaba volando a ciegas. Pero en retrospectiva, veo cómo les dio un punto de referencia al cual disparar. Los tres desafíos —físicos, intelectuales y espirituales— les dieron una base probatoria. No necesitaban probarme nada. Los amo sin condiciones. Necesitaban probarse a sí mismos que tenían lo que se necesita para ser hombres.

Diseñé algo similar para mi hija, Summer. Cuando ella tenía trece años, nos entrenamos para el «escape de Alcatraz», una prueba de nado de casi dos kilómetros y medio desde la isla de Alcatraz hasta San Francisco a través de aguas infestadas de tiburones. En realidad, tuve una reacción de la gente, dijeron que era un padre terrible. *¿Cómo podía poner a mi hija en ese tipo de peligro?* En primer lugar, nunca ha habido un ataque de tiburón en la historia de ese evento. En segundo lugar, Summer es una nadadora más fuerte que yo. Así que si alguien hubiera estado en peligro, ¡probablemente habría sido yo! Además, habría sido un objetivo mucho más grande para los tiburones que podrían haber estado al acecho.

Por desdicha, la carrera se canceló momentos antes de que saltamos del barco a la Bahía de San Francisco. Demasiada niebla. ¡Imagínate! Después que pasó la decepción inicial, me di cuenta de que el solo deseo de Summer de intentar ese tipo de hazaña a los trece años de edad ¡demostraba que era algo sobre lo cual ella podría basar el resto de su vida!

Un reproche permanente

Volvamos con John Muir.

Al citar la historia de Muir escalando el abeto de Douglas, Eugenio Peterson dijo que Muir era «una reprimenda permanente en cuanto a convertirse en un simple espectador de la vida, prefiriendo la comodidad de la criatura a la confrontación del Creador».[8] En realidad, Peterson denominó a John Muir «icono de la espiritualidad cristiana». Eso puede parecer una exageración, pero creo que hay algo de eso.

Jesús tenía un aspecto salvaje, nosotros también deberíamos tenerlo; un lado salvaje santificado. Y el mejor lugar para ponerse en contacto con ese aspecto salvaje es en el desierto. Leemos la Biblia a través de una lente clara y civilizada. Nos centramos casi exclusivamente en *lo que* Jesús dijo e hizo, no *cuándo*, *dónde* ni *cómo*. Si te enfocas en la teología ignorando la geografía, la meteorología o incluso la neurología, te pierdes algunas subtramas extraordinarias.

¿Dónde ocurrió la transfiguración?

La Escritura es explícita: en una *montaña alta*. ¿Y cómo llegaron Jesús y su círculo íntimo allí? ¡Escalándola! No sabemos con certeza a qué cumbre de cuál montaña llegó Jesús, aunque el Monte Hermón es una posibilidad, cuya elevación es de 2.814 metros. No es una montaña bajita, ¡pero tampoco es un paseo fácil!

«Las zorras tienen madrigueras y las aves tienen nidos —dijo Jesús—, pero el Hijo del hombre no tiene dónde recostar la cabeza».[9] Traducción: ¡los discípulos nunca estuvieron muy cómodos por mucho tiempo! Siempre estaban en movimiento y, a veces, ¡corriendo! Era una montaña rusa de esas en las que a uno le dicen: «Abróchate tu cinturón de seguridad y mantén tus manos dentro del vagón en todo momento».

¿Cuándo fue la última vez que saliste de tu rutina física, espiritual o relacional? Dime la última vez que te sentiste incómodo, ¡y te diré la última vez que creciste! ¡Sólo crecemos cuando estamos en situaciones incómodas!

Si no te descompones un músculo, este no se puede reconstruir aún más fuerte. Y eso es tan cierto con los músculos emocionales como con los físicos.

La vulnerabilidad emocional es extraordinariamente incómoda para la mayoría de los hombres, pero así es como se desarrolla la intimidad en una relación. La próxima vez que estés cenando con tus amigos o con tu esposa, comparte algo que te haga sentir incómodo y ve hacia dónde va la conversación. Apuesto a que termina en un abrazo varonil con tus amigos o, incluso, algo mejor con tu esposa.

Cuero sin curtir

Si hiciéramos una prueba de asociación de palabras y dijera «pasión», ¿cuál es la primera cosa que aparecería en tu mente? ¡Para mí sería Jesús entrando en el templo con un látigo hecho en casa y echando abajo las cosas al estilo Chuck Norris! Jesús se enfrentó a los cambistas, volteó las mesas y sacó a los animales en estampida.

Me hace evocar la canción clásica de 1958 «Rawhide». Cuando el tumulto terminó, los discípulos recordaron una profecía del Antiguo Testamento que se cumplió ese día: «El celo por tu casa me consumirá».[10] Lo que Jesús hizo fue asombroso: Sólo puso el templo al revés. ¡Pero así como lo que Jesús *hizo* fue increíble, lo que *no hicieron* los guardias también lo fue. Los guardias del templo eran soldados bien entrenados cuyo trabajo era evitar que la gente hiciera lo que hizo Jesús. Entonces, ¿por qué la guardia no hizo nada cuando Jesús comenzó a derribar el lugar? La única explicación que puedo dar es que fueron intimidados por su poder o se sometieron a su autoridad. De cualquier manera, Jesús realizó un acto apasionado sin precedentes. Algo habitual para Él.

Jesús podía ser manso y tierno, pero también tenía un lado salvaje. Tocaba a los leprosos, celebraba con los samaritanos, detenía las tormentas, exorcizaba demonios, comía con los pecadores, sanaba en el sábado, ¡y transformaba las procesiones fúnebres en desfiles! Además, murió como vivió, con pura pasión. No es casualidad que la última semana de su vida sea sinónimo de ello: Semana de la pasión.

En palabras de Dorothy Sayers:

Los que colgaron a Cristo, para ser justa con ellos, nunca lo acusaron de ser aburrido; por el contrario, pensaban que era demasiado dinámico para estar a salvo. Se ha dejado a las generaciones posteriores reprimir esa personalidad quebrantadora y rodearla con una atmósfera de tedio. Hemos recortado muy eficientemente las garras del León de Judá, lo hemos calificado de «manso y tierno», y lo hemos recomendado como una mascota casera para curas pálidos y viejas piadosas.[11]

Cuando sigas las huellas de Jesús, su pasión te refinará y te definirá. Dios no sólo crucifica nuestras pasiones; ¡las resucita y las usa para sus propósitos! Como observara C. S. Lewis acertadamente: «Nuestro Señor considera que nuestros deseos no son demasiado fuertes, sino demasiado débiles. Somos criaturas poco entusiastas, que pierden el tiempo con la bebida, el sexo y la ambición cuando se nos ofrece un gozo infinito».[12]

Actuar como hombre significa jugar duro, dar a Dios todo lo que tienes. Es dejar todo en la cancha. La norma de oro es Colosenses 3:23, que dice:

Hagan lo que hagan, trabajen de buena gana, como para el Señor.

Una traducción literal podría decir: «Hazlo como si tu vida dependiera de ello». En otras palabras, dale *todo* lo que tienes. No sólo es ganarte la vida haciendo algo. Es hacer una vida. No te ganes simplemente un cheque. Ve tras las pasiones que Dios ha puesto en tu corazón. Vivir a medias no es vivir; tienes que ir con todo.

De modo que, ¿qué se interpone? El problema es tan viejo como el propio Edén. Desandemos todo el camino al acto de apertura de la Escritura para revisar.

Primer acto, escena uno

Hace veinticinco años tuve una conversación de sesenta segundos que nunca he olvidado. Mientras hablaba en un centro de rehabilitación Teen Challenge en Chicago, conocí a un hombre que había tomado algunas malas decisiones: él luchaba con la adicción a las drogas y al alcohol; además, con ello tenía un historial criminal. Lo que recuerdo de esa conversación es el agudo dolor psicológico causado por algo que su papá le decía cada vez que cometía un error: «¿Qué demonios te pasa, pedazo de estúpido?» Ese hombre escuchó esas palabras repetidamente hasta que se convirtieron en el guion subconsciente de su vida. No estoy excusando los errores que cometió, pero actuaba de acuerdo a las líneas que su padre le había dado toda su vida.

Que conste, si alguna vez conociera a su papá, creo que le daría la misma línea a él.

Ese hombre necesitaba un nuevo guion y obtuvo uno de su Padre celestial. Por supuesto, se necesita tiempo para leer un nuevo guion, aprenderse los parlamentos y entrar en el personaje. Esto lo sé con seguridad: el Autor y Perfeccionador de tu fe quiere escribir su historia a través de tu vida, pero tienes que darle absoluto control editorial.

La Escritura es tantas cosas: es nuestra espada, nuestro espejo, nuestro mapa y nuestro manual. Pero me gusta pensar en ella como guion. De hecho, la Escritura es el libreto de nuestra cura. ¡Es la forma como volteamos el guion de nuestras vidas!

No puedes actuar como hombre si no conoces el guion. Así es que abordamos el carácter del personaje, el carácter de Cristo. Así que vamos a rebobinar la escena de apertura del acto inicial de la Escritura. Y vamos a aplicarle ingeniería inversa a lo que salió mal.

En el campo de la informática, la ingeniería inversa consiste en analizar un código fuente de software para corregir errores, mejorar la funcionalidad y reutilizar un producto. Aplicar ingeniería inversa al pecado original de Adán no es tarea fácil, pero es la forma en que abrimos la puerta a la hombría.

En primer lugar, llámame Adán.

Tú y yo somos como Adán en todos los sentidos, excepto por el hecho de que Adán probablemente no tenía ombligo. Pero en cualquier otra forma, somos la viva imagen de Adán, que es la imagen de Dios. Esa imagen de Dios es lo que somos en lo más profundo de nosotros, es lo más verdadero en nosotros. Es lo que nos da la idea de imaginar, la capacidad de llorar y la habilidad de reír. Y, como Adán, también tenemos una naturaleza pecaminosa. Si la imagen de Dios es nuestro software original, el pecado es el virus. El pecado corrompe todo el archivo, distorsionando el algoritmo de lo que significa ser hombre.

La buena noticia es que todavía tenemos el código fuente que revela la intención original de Dios. La historia de Adán es la clave para invertir la ingeniería de nuestros problemas y nuestro potencial como hombres. Cada hombre necesita luchar contra tres tendencias diferentes: un dragón de tres cabezas. Eso podría parecer una metáfora extraña, pero es bíblica. Nuestro antiguo enemigo es descrito como un dragón en el libro de Apocalipsis y hace ahora lo que hizo entonces.

Cuando la mujer estaba a punto de dar a luz, el dragón se plantó delante de ella para devorar a su hijo tan pronto como naciera.[13]

Parece una profecía enigmática, pero quizás lo obvio se nos escapa. Has tenido un blanco en tu espalda desde el día en que naciste. Eso no necesita asustarte, porque el que está en nosotros es mayor que el que está en el mundo.[14] Sin embargo, ignoramos las tácticas del enemigo a nuestro propio riesgo. Así que permíteme nombrar las cabezas del dragón y luego hablaremos de cómo derrotarlo.

El *dragón de la duda* respira fuego, pero tenemos el escudo de la fe. No vivimos por lógica; operamos por fe. No jugamos a la víctima; somos más que vencedores. Derrotamos a ese dragón no escuchando sus mentiras. ¿Cómo lo desconectamos? ¡Asegurándonos de que el Espíritu Santo es la voz más fuerte en nuestras vidas!

El *dragón de la apatía* arrulla a los hombres hasta ponerlos a dormir, pero somos soñadores diurnos. No combatimos al fuego con fuego, ni dejamos de pecar no pecando. Derrotamos a este dragón con un sueño divino que es más grande que el miedo y mejor que el pecado.

El *dragón de la lujuria* nos dice que lo que queremos es más sexo, más dinero y más aplausos; que eso es lo que necesitamos. Pero la lujuria hace falsas promesas. En vez de cumplir nuestros deseos, la lujuria nos deja sintiéndonos vacíos. Derrotamos a ese dragón parándonos en las promesas de Dios, no importa cuántas Dios haya hecho, esas promesas son *sí* en Cristo. Así que en este caso aislado, ser hombre sí es algo bueno.

El dragón de la duda

Tuve un servicio en la capilla para los campeones del Super Bowl hace unos años y me permitieron estar en su reunión privada. El coordinador ofensivo hizo un guion de las primeras quince jugadas, lo que pude ver en ejecución al día siguiente. El entrenador de equipos especiales puso de relieve la debilidad de su oponente mostrando una pieza de la película una y otra vez. Escribió el guion de un gol en un campo falso, ¡que realmente le salió muy bien en el juego!

Piensa en la Escritura como una película de un juego. Tenemos que verla, estudiarla. Tenemos que estudiar al enemigo para saber sus tendencias. También tenemos que estudiarnos a nosotros mismos para poder superar nuestras propias debilidades. El enemigo disfraza sus paquetes y utiliza diversas formaciones, pero si estudiamos la película cuidadosamente, descubriremos que su primera jugada falsa es sembrar semillas de duda.

La serpiente era más astuta que todos los animales del campo que Dios el Señor había hecho, así que le preguntó a la mujer: —¿Es verdad que Dios les dijo que no comieran de ningún árbol del jardín?[15]

El dragón de la duda planta semillas de duda, haciéndonos cuestionar lo que Dios ha dicho. Es un mentiroso, pero la mayoría de esas mentiras no son descaradas. Es demasiado astuto, demasiado cobarde. La mayoría de sus mentiras son medias verdades. Y Adán es la primera prueba de ello. El enemigo exageró las restricciones impuestas por Dios a Adán. Engañó a Adán haciéndole pensar que su patio de recreo era en realidad una prisión. ¡Y hará lo mismo con nuestros matrimonios, nuestros trabajos y nuestras iglesias también!

La duda está comprando las mentiras del enemigo, creyendo que son verdad. Y si elegimos creer en la mentira, no sólo estamos comprando una factura de bienes; ¡también estamos llamando a Dios mentiroso!

¿Has comprado alguna mentira?

Cuando se aplica la ingeniería inversa a la primera tentación, es bastante obvio que el enemigo está tratando de hacer que Adán ponga en duda la bondad de Dios. Esa es la grieta de la armadura. Si dudamos de su bondad, entonces dudamos de su amor, su poder y su gracia.

Durante una reciente entrevista, se le preguntó al arzobispo de Canterbury, Justin Welby, cuál pensaba él que era el principal problema que enfrenta el creyente promedio. El arzobispo dijo: «A todo cristiano que conozco le cuesta creer que es amado por Dios».[16]

Yo podría agregar algo. No podemos creer que Dios nos ama y a la vez no *guste* de nosotros. El hecho es que Dios gusta de ti lo suficiente como para pasar toda la eternidad contigo.

Jesús encontró al dragón de la duda durante su ayuno de cuarenta días en el desierto. Se defendió dejando caer bombas de verdad sobre el diablo. La Escritura es nuestra espada de doble filo. Si quieres ganar el duelo con la duda, tienes que empuñar tu espada cada día.

Ahora, permíteme ampliar la imagen de la semilla de duda que el enemigo plantó en Adán. «No deben comer de ningún árbol del jardín. Eso no es lo que Dios dijo, ¿verdad?» ¡Sólo *un árbol* estaba prohibido! Así que lo que el enemigo intenta es hacer que la obediencia parezca más difícil de lo que realmente es. Trata de hacer que parezca imposible, irrazonable.

Resistir la tentación no es fácil, eso es seguro. Y seré el primero en admitir que he perdido muchas batallas con el orgullo, la lujuria, la codicia y la ira. Pero es una guerra que se puede ganar. El problema es que la mayoría de nosotros nos sentimos derrotados antes de que empiece la batalla. ¿Por qué? Porque no podemos imaginar ganar cada batalla, todos los días. Después de todo, ¿quién tiene un promedio de bateo perfecto?

Esto podría parecer un truco de una mente Jedi, pero voy a hacer una pregunta a todos los que están luchando con una adicción: *¿Crees que puedes ganar la batalla por un día?* Para el momento en que una persona viene a verme, por lo general está luchando contra un pecado habitual que parece insuperable. Se siente tan derrotado que es difícil incluso intentarlo de nuevo. Pero aún así, nadie ha dicho nunca que no a mi pregunta.

¡Todo lo que tienes que hacer es enfocarte en ganar el día! Deja de preocuparte por el mañana. No te concentres en la semana próxima, el mes próximo o el año próximo. Gana el día de hoy. Aprovecha mañana la victoria de hoy. Minimiza las rachas perdedoras al no permitir que los malos días se conviertan en malas semanas, malos meses o malos años. Luego, junta una serie de victorias. Antes de que te des cuenta, el impulso cambiará y estarás jugando a la ofensiva otra vez.

El dragón de la apatía

Sigamos adelante y saquemos esto del camino: Eva comió del árbol del conocimiento del bien y del mal primero. Pero esa no fue una decisión unilateral. Adán estaba ahí. En vez de actuar como hombre, Adán actuó como una zarigüeya. Debió haber tomado medidas, haber intervenido, pero Adán se echó hacia atrás. Aun peor que comer el fruto mismo, Adán dejó que Eva lo comiera, haciéndole un accesorio al pecado.

> La mujer vio que el fruto del árbol era bueno para comer, y que tenía buen aspecto y era deseable para adquirir sabiduría, así que tomó de su fruto y comió. Luego le dio a su esposo, y también él comió.[17]

El dragón de la duda nos dice mentiritas dulces. El dragón de la apatía nos arrulla hasta dormirnos con una canción de cuna.

El pecado original de Adán no fue comer el fruto prohibido; fue no montar una pelea. «Lo único necesario para el triunfo del mal», señaló Edmund Burke, «es que los hombres buenos no hagan nada».[18] Y eso es lo que hizo Adán: ¡nada! No te equivoques en esto, la indecisión *es* una decisión y la inacción *es* una acción. Las cosas buenas no suceden por ser condición base, suceden por diseño. Lo contrario de la apatía es la responsabilidad (o capacidad de respuesta). No es admitir culpa; es la incapacidad de no hacer nada. Lo contrario de la apatía es la equidad del sudor. Tienes que trabajar en tu matrimonio, trabajar en tu sueño y trabajar en tu fe.

Unas semanas después de casarnos, Lora dejó un vestido en la tintorería. Cuando volvió a recogerlo, el diseño de su vestido había desaparecido. La tintorería no sólo arruinó su prenda, sino que también la acusaron de mentir al respecto. *¡Oh, no, tú no hiciste eso!* Mi esposa es la persona más honesta que he conocido; nadie le llega siquiera a un cercano segundo puesto. Puedes faltarme el respeto y te lo dejaré pasar, pero si no respetas a mi esposa, ¡la vas a pasar mal! Soy bastante tranquilo y de modales suaves, pero faltarle respeto a mi esposa le da vuelta a un interruptor. ¡Entré en la tintorería como si fuera el templo y ellos los cambistas! No volteé ninguna mesa, pero hice una escena. Todavía no estoy seguro de que eso fuera lo correcto o incorrecto de hacer, pero lo haría de nuevo. ¿Por qué? ¡Porque nadie se mete con mi esposa!

La serpiente sedujo a Eva y Adán estaba a su lado. Vamos hombre. No te quedes ahí, ¡haz algo! Pero en vez de actuar como hombre, Adán jugó la carta pasiva. Luego, cuando fue confrontado por Dios, jugó la carta pasivo-agresiva.

La mujer que me diste por compañera me dio de ese fruto, y yo lo comí.[19]

¿En serio? «¿La mujer que me diste por compañera?» Buen intento, Adán. Adán culpa a Eva. Adán culpa a Dios. ¿Cuál es la única persona a la que no piensa culpar? A él mismo. Escucha, nadie gana el juego de la culpa. Todo el mundo pierde. ¿Tienes una visión para tu matrimonio? ¿Tienes un plan estratégico para la crianza de tus hijos?

Si tu respuesta sincera es no, estás jugando a la defensiva, no a la ofensiva. Y pocas cosas son menos satisfactorias o más frustrantes que las relaciones reactivas. ¿Sabes lo que quiere tu esposa? ¡Un poco de esfuerzo proactivo! Eso es. Y hay una palabra para ello: romance.

Parte de actuar como hombre son los juegos preliminares, los cuales no significan cuatro minutos antes de acostarse. Los juegos preliminares requieren premeditación. Las mujeres pueden encender el motor sexual del hombre diciendo «ahhh», pero la mayoría de ellas son más como un Ford Modelo T, que tienen un motor de manivela. Se necesita algo de esfuerzo, algo de intencionalidad.

El dragón de la lujuria

Todos los hombres de sangre roja luchan contra el dragón de la lujuria, dragón que se disfraza de gentil doncella. Aunque promete placer, lee la letra pequeña. Te costará tu integridad... más impuestos. ¡El impuesto es la vergüenza!

Creemos que más sexo o más dinero resolverá todos nuestros problemas, pero eso es lenguaje de dragón. ¡Nada de este lado del cielo nos satisfará completamente! Como observara C. S. Lewis: «Si encuentro en mí un deseo que ninguna experiencia en este mundo puede satisfacer, la explicación más probable es que fui hecho para otro mundo».[20]

No te conformes con el sexo.

No te conformes con el poder.

No te conformes con la fama o la fortuna.

Lo único que en última instancia satisfará nuestro anhelo por más es más Dios.

Tengo una teoría: *la respuesta a cada oración es más del Espíritu Santo.* Queremos más amor, más alegría y más paz, pero esos son frutos del Espíritu. Así que lo que necesitamos es más del Espíritu Santo. Y eso va por el resto del fruto, incluyendo el noveno: dominio propio.

Pensamos que el fruto prohibido resolverá nuestros problemas, pero sólo los complicará. El único fruto que satisface es el del Espíritu. Todo lo que queremos es el subproducto de llevar una vida guiada por el Espíritu, una vida llena del Espíritu.

Una de las mentiras más insidiosas de este dragón es que Dios te está reteniendo algo.

Dios sabe muy bien que, cuando coman de ese árbol, se les abrirán los ojos y llegarán a ser como Dios, conocedores del bien y del mal.[21]

¡Dios le dio el jardín del Edén a Adán completamente gratis! ¿Qué más se puede pedir? Lo adivinaste... ¡un árbol más! Para que quede constancia, hay veintitrés mil variedades de árboles en el mundo.[22] Miles de ellos son frutales: naranja, almendra, cereza, mango, coco, marañón y oliva, sólo para mencionar algunos. ¡El manzano solamente viene en más de cien variedades! ¿Mi punto? ¡Adán podría haber comido diversas frutas de un árbol diferente cada día durante tres años por lo menos! ¿Realmente necesitaba uno más?

La lujuria es una mentira, la mentira de que más sexo, más comida, más poder, más aplausos o más dinero satisfará nuestros deseos y necesidades. No lo hará. ¿Sabías que los científicos han acuñado un término para eso? Lo llaman la «adaptación o rueda hedónica». Cuando persigues el placer, nunca dejas de correr.

Agustín, que vivió bastante el estilo de vida hedonista antes de su encuentro con Cristo a la edad de treinta y un años, observó esta tendencia hace dieciséis siglos: «Un verdadero dicho es: *El deseo no tiene descanso*, es infinito en sí mismo, interminable y como uno lo llama, un estante perpetuo o molino accionado por caballos».[23]

Molino accionado por caballos, cinta o rueda de correr... la misma diferencia. El dragón de la lujuria nunca está satisfecho. Cuanto más lo alimentas, más hambriento se pone. Escoge un placer, cualquier placer. Pierde su capacidad de satisfacer lentamente, en la misma dosis, la misma frecuencia. Con el tiempo se necesita más y más para satisfacer cada vez menos. Eso es verdad con el éxito: eres tan bueno como tu último juego, tu último negocio. Eso es verdad con el dinero: el dinero puede resolver algunos problemas, pero crea otros. Por supuesto, ¡todos queremos comprobar esa teoría, pensando que seremos la excepción a la regla!

Verifica la realidad: suficiente nunca es suficiente.

La lujuria es egoísta: se consume con el deseo de obtener lo que quiere.

El amor es sacrificial: se consume con dar lo que tiene.

¡La única manera de satisfacer tus necesidades más profundas es satisfacer las necesidades más profundas de los demás! La satisfacción se encuentra en el lado lejano del sacrificio. Y eso es lo que es actuar como hombre. El dragón de tres cabezas es un enemigo abrumador, pero es un enemigo derrotado. ¡Tenemos al Padre, al Hijo y al Espíritu Santo a nuestro lado! Y si Dios está por nosotros, ¿quién puede estar contra nosotros?

El mandamiento más duro

Ahora, permíteme entrar en el matrimonio por un momento. Tengo una teoría y es esta: eres egoísta. Yo también. Todos sufrimos de una enfermedad llamada egoísmo, y el mejor antídoto es el matrimonio. Puedes ser egoísta y estar casado al mismo tiempo, pero no puedes ser egoísta y estar *felizmente* casado.

Mi consejo matrimonial se reduce a un consejo: *concéntrate en satisfacer las necesidades de tu cónyuge, no las tuyas.* Si te concentras en satisfacer tus necesidades, experimentarás una decepción perpetua. Si te enfocas en satisfacer las necesidades de tu cónyuge, encontrarás una gran satisfacción. ¿Es esto fácil? No. ¡Es amor duro! Una vez escuché al gurú del matrimonio Gary Smalley decir algo tan perspicaz que nunca lo he olvidado. Según Smalley, la mayoría de los matrimonios son ochenta por ciento buenos y veinte por ciento malos. La única diferencia entre los matrimonios felices y los infelices es en qué decide enfocarse la pareja.

Si te enfocas en el veinte por ciento malo, serás infeliz. Ahora, ciertamente no estoy sugiriendo que ignores las cosas en las que tú o tu cónyuge necesitan trabajar. Asume tu responsabilidad con ellas. Luego, trabaja en ellas. Pero no puedes permitirte olvidar por qué te enamoraste en primer lugar. Estoy adivinando que tiene algo que ver con el ochenta por ciento en el que debes concentrarte. ¡Y quizá incluso desees mencionarle esas cosas a tu cónyuge de vez en cuando!

El objetivo del matrimonio no es la felicidad, sino la santidad. Y para alcanzar esa meta, debemos superar el egoísmo. Así que Dios nos permite compartir una cama, un fregadero y un coche con alguien del sexo opuesto.

¡Absolutamente brillante!

Ahora, permíteme añadir una cosa más a la mezcla.

El matrimonio nos ayuda a superar nuestro egoísmo, pero no es la cura. Dios nos da hijos. Y si un niño no cura el egoísmo, Dios nos da más pañales para cambiar.

La mayoría de nuestros defectos como esposos y padres pueden ser reducidos a un sencillo y tradicional egoísmo. Si todo nuestro enfoque está en nosotros mismos, todo lo demás está fuera de foco. Y eso nos lleva de nuevo al amor duro. No hay un estándar más alto que el siguiente:

Esposos, amen a sus esposas, así como Cristo amó a la iglesia y se entregó por ella.[24]

Este puede considerarse el mandamiento más difícil en toda la Escritura. De hecho, no creo que sea alcanzable por hombres mortales. Pero es el estándar que Jesús estableció, así que a eso es que apuntamos.

Jugar al escondite

¿Recuerdas la reacción original de Adán después de su pecado original? Se escondió del Ojo que todo lo ve. ¿Puedes imaginarte a Adán escondido detrás de un arbolito, con el cuerpo sobresaliendo a ambos lados? ¡Sería comedia si no fuera una tragedia!

Dios sabía dónde estaba Adán; sin embargo, gritó: «¿Dónde estás?» La pregunta es, ¿por qué? Creo que Dios le estaba dando a Adán la oportunidad de ser encontrado, de ser perdonado. Fue un período de gracia. ¿Y la explicación de Adán?

—Escuché que andabas por el jardín, y tuve miedo porque estoy desnudo. Por eso me escondí.[25]

¿Miedo?

¿Miedo de qué?

¿Miedo del Dios que te ama perfectamente y te perdona libremente?

Por primera vez, Adán sintió miedo. Luego dejó que este dictara sus decisiones. La triste ironía es que Adán temía al Único que podía ayudarlo y sanarlo. Es tan ilógico como el miedo a los médicos cuando te enfermas.

La mayoría de nosotros estamos presos por uno o dos o tres errores que hemos cometido en nuestro pasado. Sabemos que Dios nos ha perdonado porque hemos confesado nuestro pecado. Pero no podemos perdonarnos a nosotros mismos. La clave, en mi opinión, es confesar nuestro pecado a otra persona. Hasta que lo hagamos, ese pecado secreto nos chantajea. Pero una vez que lo confesamos a otra persona, ¡la vergüenza pierde su control!

John Donne fue considerado por muchos como el mejor poeta de su generación. Donne fue a Oxford cuando tenía once años y terminó sirviendo como decano de la Catedral de San Pablo en Londres. Era súper exitoso por todos los estándares externos, pero vivía en un estado de vergüenza debido a un pecado secreto. Antes de su conversión a Cristo, Donne había compuesto poesía obscena para la mujer con la que se había casado en secreto. Ese secreto mantuvo a Donne encerrado en su interior.

Como Donne, muchos de nosotros somos rehenes de un pecado secreto. ¡Y el enemigo quiere chantajearnos! Su arma secreta nos está llevando a mantener nuestro pecado oculto en secreto. Pero el pecado secreto es como la kryptonita: nos agota la pasión agresiva que necesitamos para actuar como hombres. Creemos que vamos a morir si nuestro pecado es descubierto, ¡pero la verdad es que vamos a venir a la vida!

Deja de pretender ser perfecto.

Deja de actuar como si todo estuviera bien.

Se necesita valentía para venir limpio y confesar tu pecado, pero es un golpe mortal para el dragón de tres cabezas.

¡Sé hombre!

5

Sockdolager

La quinta virtud de la hombría:
Verdaderas agallas

Llenen la tierra y sométanla.

—Génesis 1:28

24 de mayo de 1869
El río Colorado

En 1869, un profesor de geología de treinta y cinco años llamado John Wesley Powell intentó algo que se creía imposible. De hecho, los expertos lo llamaron un deseo mortal. A mediados del siglo diecinueve, había un punto en blanco en el mapa de Estados Unidos de América que era tan misterioso como el Triángulo de las Bermudas y tan grande como cualquier estado de la unión.[1] Los cartógrafos inscribieron la palabra *inexplorado* en esa parte del mapa para rellenar el espacio en blanco. Para el emigrante promedio que se desplazaba hacia el oeste, era un signo de precaución para abstenerse de pasar por ahí. Para John Wesley Powell, estaba a su entera disposición. El sueño de Powell era ser la primera persona en cruzar el Gran Cañón atravesando el río Colorado. El problema es que ni Powell ni ningún miembro de su tripulación de nueve hombres nunca habían navegado un solo rápido. Si hubieran sabido que se encontrarían con quinientos rápidos en un tramo de mil seiscientos kilómetros de río, es dudoso que lo hubieran intentado. Lo que sí sabían antes de embarcarse era que era una misión de todo o nada, esfuérzate o muere. Una vez que entras en el cañón, ¡la única salida es el otro lado!

Powell tenía un metro sesenta y ocho centímetros de estatura y pesaba cincuenta y cuatro kilos empapado. Hay otro hecho digno de mención: Powell había perdido su brazo derecho en la Guerra Civil. Así que el hombre que conducía la flotilla de barcos en el río Colorado no podía remar, achicar agua del bote ni nadar. ¿Cuál es tu excusa para no ir tras tu meta?

El editor del *Springfield Republican*, Samuel Bowles, conoció a Powell poco antes de su expedición. Bowles advirtió: «Quien se atreva a aventurarse en este cañón nunca saldrá vivo».[2] Bowles pensó que era temerario, pero admiraba la disposición de Powell a intentarlo. O más exactamente, ¡su falta de voluntad para *no* intentarlo!

Navegar por el río es tan difícil y peligroso que hasta la Segunda Guerra Mundial, sólo 250 personas lo habían hecho. Basado en las reglas y regulaciones actuales, Powell ni siquiera calificaría para un permiso. Pero Powell no era un hombre que permitiera que las limitaciones interfirieran con su objetivo. Un biógrafo describió a Powell como «tan enfocado como una sierra circular».[3] Y eso es lo que se necesita para lograr lo imposible: una persistencia resuelta contra viento y marea. En una palabra: *agallas*. Incluso mejor, verdaderas agallas. Esa es la quinta virtud de la hombría. Es resiliencia ante el rechazo, templanza frente al miedo. Es enfocar la vida con una actitud sin pretensiones ni gloria, aun frente a probabilidades imposibles.

Ciertamente creo en el poder de la oración. Debemos *orar como si dependiera de Dios*. Pero creo que una buena y tradicional ética de trabajo también honra a Dios. Así que *tienes que trabajar como si dependiera de ti*. «Tú provee las agallas», dijo el viejo predicador galés, «y Dios proveerá la gracia».[4]

El rápido máximo

Una de las semanas más excitantes de mi vida la pasé practicando rafting por el río Colorado con mi hijo menor, Josiah. A diferencia de Powell, ¡nuestro grupo tenía guías y un mapa! Esa aventura de rafting fue el rito de paso de Josiah al final de su año de discipulado. Las temperaturas de julio promediaban unos abrasadores cuarenta y dos grados centígrados, pero la temperatura de ocho grados centígrados del río congelaba los huesos. Eso te refrescará en un minuto neoyorquino.

En cierto momento tuvimos una pequeña competencia entre algunos de los hombres para ver quién podía permanecer debajo del agua por más tiempo. En una piscina climatizada puedo contener mi aliento durante al menos sesenta segundos. ¡Sólo pude aguantar la respiración por veinte segundos en el río Colorado antes que se me congelara el cerebro! Pero fue más que los otros hombres, así que tuve derecho para jactarme el resto del viaje.

Durante cinco días estuvimos en rápidos, dormimos bajo las estrellas y exploramos cañones laterales. Surfeamos sin

Josiah y Mark son pura risa al comenzar su excursión en el Bright Angel Trail.

tabla en el Pequeño Colorado, subimos acantilados que no creo que eran escalables, y caminamos fuera del Gran Cañón en sí. Todas esas experiencias fueron épicas, pero el punto culminante indiscutiblemente fue un rápido de clase 7 llamado Sockdolager.[5]

Si buscas la palabra *sockdolager* en el diccionario en inglés, significa «golpe decisivo».[6] Y así es exactamente como se sentía el rápido: un golpe de ocho grados centígrados en la cara. A medida que nos acercábamos al rápido, mi adrenalina bombeaba como si estuviera calentándome antes de un juego. Nos aferramos a las agarraderas de la balsa intensa y nerviosamente y no las soltamos por nada en el mundo. Romper a través del rápido me recordó las piruetas con aros de hula-hula que nuestras porristas solían hacer para animar nuestro equipo de baloncesto en la escuela secundaria. Cuando rompimos el rápido, Josiah gritó al tope de su voz, a mitad de la pubertad: «¡Somos hombres! ¡Somos hombres!»

Ese siempre será uno de los mejores momentos de mi vida. ¿Recuerdas la famosa frase de Aníbal en el programa televisivo *A-Team*? «Me encanta cuando un plan se ejecuta a la perfección». Esto era exactamente eso: un plan que se estaba ejecutando a la perfección. Mi meta al planificar ese viaje del rito de paso era dibujar una línea limitante entre la infancia y la virilidad. Misión cumplida en el marcador 79.1 en el río Colorado. Josiah cruzó un umbral y lo hicimos juntos.

Desde entonces me he preguntado: *¿Qué fue lo que le dio a Josiah tal sensación de hombría en ese momento?* Creo que parte de ello fue el hecho de que enfrentó sus temores y luchó a través de ellos. Hacer algo peligroso y difícil ciertamente contribuyó. Y otra pieza del rompecabezas es el hecho de que nuestros guías nos empujaron más allá de nuestros límites físicos percibidos. ¡Todo ello resultó en una sensación de hombría!

Estoy cada vez más convencido de que los hombres necesitamos *un elemento de peligro*. Es una manera en que cobramos vida. Es una manera de descubrir quiénes somos en realidad. Sin peligro, nuestro sentido de hombría se atrofia. Nos convertimos en animales enjaulados. Si no hay un enchufe sano y santo para nuestra testosterona, a menudo encontramos enchufes poco saludables y profanos.

Déjame hacerte una pregunta: ¿Cuándo te has sentido más hombre?

No he hecho un estudio cuantitativo sobre el tema, pero tengo una corazonada. Si eres como yo, te sientes más hombre cuando te presionan a pasar tus límites. Así es como me sentí cuando llegué al borde sur del Gran Cañón y recordé el Sendero del Ángel Brillante de casi dieciséis kilómetros de largo que habíamos conquistado.

No me estoy haciendo más joven, por lo que excursionar no se está haciendo más fácil. Además, tuve asma crónica y dos rodillas reconstruidas quirúrgicamente debido a lesiones del ligamento cruzado anterior. No fue fácil ascender más de un kilómetro y medio, pero eso es precisamente lo que lo hizo memorable.

Antes de ese viaje, me había puesto un poco perezoso. Habían pasado unos pocos años desde la última vez que probé mis límites físicos. Así es como descubrí, o redescubrí, que me siento más hombre cuando estoy en una situación que exige todo lo que tengo.

Hace una década, formé parte de un equipo misionero que construyó una choza de barro en Etiopía. Era como Hábitat para la Humanidad al estilo etíope. En realidad mezclamos el lodo y el heno con nuestros pies. Era como ejercitarse en una máquina escaladora en arenas movedizas. Mis cuádriceps estaban en llamas después de unos minutos, y aquello tomó la mayor parte del día. No creo que nunca haya estado más agotado físicamente que al final de ese día, o más cubierto de barro. Pero me sentí hombre. ¿Por qué? Porque probé los límites de mi fuerza, y lo hice en la búsqueda de una causa del reino. Pusimos un techo sobre la cabeza de una preciosa abuela etíope llamada Lulit. Cuando me quedé dormido esa noche, sentí que era como lo más cercano que he llegado a amar a Dios con todas mis fuerzas.

Hacer cosas difíciles

Cuando recorres el Gran Cañón o construyes una cabaña de barro, descubres músculos que no sabías que tenías. Y ese es precisamente el punto. Tienes que ponerte en posiciones que te empujarán más allá de tus límites anteriores. Así es como creces. «Lo que no me mata», dijo Friedrich Nietzsche, «me fortalece».[7] O si prefieres la canción de Kelly Clarkson, «Stronger»: «Lo que no te mata te hace más fuerte, te paras un poco más alto».[8]

La forma en que ganas fuerza es rompiendo tus fibras musculares. Luego, con la ayuda de la proteína, esas fibras musculares crecen de nuevo aún más fuertes. Lo que vale para lo físico vale para lo emocional y lo espiritual. Cuando pasas por una temporada de estrés, piensa en ella como un ejercicio emocional. Podría sentirse como un colapso, ¡pero Dios está fortaleciendo tu fortaleza emocional! Tal vez sea hora de establecer una meta desafiante.

Debemos optar por hacer cosas que nos empujen más allá de nuestros límites anteriores. Cuando lancé mi primera obra, *Con un león en medio de un foso*, mi editor publicó un libro de dos adolescentes titulado *Haz cosas difíciles: Una rebelión adolescente contra las bajas expectativas*. Fue uno de los doce títulos que asigné durante el año de discipulado de mi hijo Parker. Y no sólo leímos el libro; lo pusimos en práctica entrenando para un triatlón para su *desafío físico*. Una carrera de diez kilómetros habría sido más fácil, pero yo quería una meta desafiante. Quería presionar a Parker para aprovechar su potencial intentando algo de lo que no estaba seguro que él fuera capaz. La parte del triatlón (correr y andar en bicicleta) no me preocupaba, pero sabía que nadar a mar abierto nos desafiaría a ambos.

El día de la carrera, la porción de nado casi que la cancelan porque las olas del océano se elevaban a unos dos metros de alto. Probablemente bebimos un galón de agua salada y recurrimos al nado de perrito una o dos veces, pero cruzar esa línea de meta nos dio una sensación de logro sin precedentes.

¿Mi punto? Haz cosas difíciles. Es parte de actuar como hombre.

Trabaja duro. Juega duro. Ora duro.

Al oriente del Edén

John Wesley Powell y su equipo no eran para trabajo de escritorio: la vida civil era demasiado civil. Powell escuchó el llamado de la naturaleza y respondió a la pasión por los viajes. En sus años mozos, antes de que perdiera su brazo en batalla, ¡Powell remó a todo lo largo del río de Mississippi! También conquistó los ríos Ohio, Illinois y Des Moines.

¿Qué llevó a Powell a remar en esos ríos? ¿Qué lo llevó a intentar un reto aún más difícil y peligroso después de haber perdido un brazo? En mi opinión, era un instinto antiguo, tan antiguo como el propio Edén.

Y [Dios] los bendijo con estas palabras: «Sean fructíferos y multiplíquense; llenen la tierra y sométanla».[9]

La gente a menudo supone que Adán y Eva habrían permanecido en el Jardín del Edén para siempre si no hubieran comido del árbol del conocimiento del bien y del mal, pero esa es una noción errónea. Mucho antes de la caída, Dios les dijo que llenaran la tierra y la sometieran. Fue una invitación a explorar. Lo llamo la Comisión de Génesis.

Tal vez Powell estaba respondiendo a ese antiguo instinto, respondiendo a este llamado antiguo. En ese momento, el Gran Cañón era inexplorado y la gente sabía muy poco acerca de él, lo que Powell veía como una vergüenza para Estados Unidos de América. «¿Alguna otra nación es tan ignorante de sí misma?»[10] preguntó. Así que se dispuso a someter el misterio de una de las maravillas naturales del mundo. Tal vez eso es lo que sintió Adán. Después de todo, lo que estaba al oriente del Edén era *inexplorado*.

Adán podría haber viajado 40.074 kilómetros en cualquier dirección y nunca haber visto el mismo paisaje dos veces. Tenía millones de kilometros de territorio desconocido por explorar.[11] A diferencia de John Wesley Powell, que navegó por partes inexploradas de América, Adán fue comisionado para explorar el planeta Tierra. En el gran esquema de las cosas, el astrónomo que traza las estrellas, el genetista que mapea el genoma humano, el oceanógrafo que explora el arrecife, el ornitólogo que preserva las especies de aves en peligro de extinción, el físico que tira de la teoría de las cuerdas y el químico que grafica estructuras moleculares todos tienen una cosa en común: son exploradores. Sea que lo sepan o no, cada uno está cumpliendo el llamado a someter a la naturaleza a su manera particular.

¡Kabash!

Conquistar o ser conquistado, esa es la cuestión.

La palabra *someter* en hebreo es *kabash*. Suena como las palabras que aparecen en pantalla cuando Batman pelea, ¿verdad? ¡BAM! ¡WHAM! ¡KAPOW! ¡KABASH! Y su significado no está lejos de eso. Imagina un movimiento de sumisión en artes marciales mixtas. Kabash es una llave de brazo, un brazo estrangulador.

Cuando vas al gimnasio, estás sometiendo tu cuerpo. Ya se trate de la prensa de banco o prensas de piernas, estás haciendo que esas pesas sometan tus músculos. Lo mismo ocurre al correr un maratón o remar un río. En esencia, *kabash* significa presionar para que pases los límites de lo que eres capaz.

Así descubrirás nuevas capacidades dentro de ti mismo. Es también como cobras vida de nuevas maneras.

Estos son algunos aspectos fundamentales de *kabash*:

1. *Abrir camino*

   Es Robert Frost de pie en el lugar donde divergió el proverbial camino.[12] *Kabash* es tomar el camino menos transitado. Es abrir un nuevo camino y dejar un sendero atrás para que otros puedan seguir tus pasos.

2. *Dominar*

   Son vaqueros domando un nuevo potro.

   Son agricultores labrando un campo para plantar.

   Son compositores que combinan notas y letras para hacer música.

3. *Conquistar*

   Cuando caminamos el Gran Cañón de orilla a orilla, me sentí como si lo estuviéramos sometiendo paso por paso. Conquistamos el Gran Cañón. Me sentí igual que cuando hicimos la caminata de cuatro días a Machu Picchu y cuando llegamos a la cima del Half Dome.

Estamos llamados a conquistar. De hecho, somos «más que vencedores» por medio de Jesucristo.[13] Por supuesto, lo más difícil de conquistar no es la naturaleza, es la naturaleza humana. Es la conquista de la naturaleza del pecado en mí. Según el rey Salomón, es más difícil que, es mejor que, ¡conquistar una ciudad![14]

Guerrear

En la noche de Halloween de 1900, un niño de diez años llamado Ike quería ir a pedir dulces con sus hermanos mayores.

Como sus padres le dijeron que era demasiado joven, Ike explotó en una rabia incontrolable. Corrió por la puerta principal y golpeó un manzano hasta que sus nudillos quedaron en carne viva y rojos de sangre.[15]

El padre de Ike lo azotó con un palo de nogal y lo envió a su habitación. Todavía estaba llorando en su almohada una hora más tarde cuando su madre entró en su habitación y se sentó en una mecedora junto a su cama. Ida Eisenhower era el oráculo de la familia, repitiendo máximas como «Dios reparte las cartas y nosotros las jugamos». En este caso, citó Proverbios 16:32 (NBLH):

Mejor es... el que domina su espíritu que el que toma una ciudad.

A los setenta y seis años de edad, mientras Ike examinaba el panorama de su vida, identificó ese momento como uno que marcó toda la diferencia en el mundo.

«Siempre he reflexionado en esa conversación como uno de los momentos más valiosos de mi vida. En mi mente juvenil, pareció que ella habló horas, pero supongo que todo el asunto terminó en quince o veinte minutos».[16]

Ike Eisenhower crecería para servir dos mandatos como presidente de los Estados Unidos. Pero su mayor contribución a este país, al mundo, vino como comandante supremo aliado durante la Operación Overlord; la liberación de Francia y la invasión de Alemania que comenzó en las playas de Normandía el 6 de junio de 1944.

El dominio propio no surgió naturalmente en Eisenhower. De hecho, obtuvo el puesto número 125 entre 164 estudiantes por disciplina en su clase de graduación en West Point.[17] Y según Ida, de todos sus hermanos, él fue el que más tuvo que aprender a controlar sus pasiones. Mientras vendaba sus manos sangrantes después de golpear aquel manzano, ella le advirtió que la ira sólo daña a la persona que la alberga.

Mucho antes de que el comandante supremo aliado pudiera conducir al ejército más poderoso que el mundo había visto para derrotar a las Potencias del Eje, un niño de diez años tuvo que aprender a conquistar su propia alma. Ese fue un incidente incitador, y ese proverbio se convirtió en el guion de la vida de Eisenhower.

Si no conquistamos nuestra propia alma, nos sometemos pecaminosamente como un acto de egoísmo. De hecho, la palabra *kabash* puede significar «molestar». Puede ser un mal uso de la fuerza que Dios nos ha dado como hombres, una expresión pecaminosa para someter. Ser hombre comienza con someter la naturaleza del pecado dentro de nosotros. Luego, nos sometemos como un acto de mayordomía.

Entonces, ¿cómo conquistamos nuestras propias almas?

Llevamos cautivo todo pensamiento para que se someta a Cristo.[18]

Hacemos un pacto con nuestros ojos.[19]

Tomamos nuestra cruz cada día y nos negamos a nosotros mismos.[20]

Disciplinamos nuestros cuerpos.[21]

Crucificamos los deseos de la carne.[22]

Estas cosas son más fáciles de decir que de hacer, pero son posibles.

Tenemos que hacer la guerra contra la naturaleza del pecado. Y en mi experiencia, la mejor táctica es bloquear la naturaleza del pecado cortando las líneas de suministro. Tenemos que matar de hambre a la lujuria. Y eso va con la avaricia y el orgullo también. Esa es la única manera de ganar la guerra contra la naturaleza del pecado. ¡Y tenemos que hacer la guerra todos los días!

Una anécdota más de Eisenhower. Mientras era estudiante en West Point, Ike fumaba cuatro paquetes de cigarrillos al día. Entonces un día dejó de fumar de golpe. ¿Cómo? «Simplemente me di una orden», dijo.[23]

¿Hay alguna orden ejecutiva que debes darte a ti mismo? No sé lo que necesitas para dejar el hábito, pero sea cual sea, trata de darte una orden. Si no dominas la lujuria, esta te dominará a ti. Y lo mismo ocurre con el orgullo, la avaricia y la ira. Ya sea mirar pornografía, perder la paciencia o aumentar gastos en tu declaración de impuestos, detente.

En el libro de Apocalipsis, Dios alaba a la iglesia de Tiatira por su amor, su fe y su perseverancia. Pero luego lanza una acusación contra el pecado de tolerancia:

> Sin embargo, tengo en tu contra que toleras a Jezabel, esa mujer que dice ser profetisa. Con su enseñanza engaña a mis siervos, pues los induce a cometer inmoralidades sexuales y a comer alimentos sacrificados a los ídolos.[24]

Se estaba tolerando la indiscreción sexual. Sin embargo, todo lo que toleramos acabará por dominarnos. Todo lo que el enemigo quiere y necesita es un punto de apoyo. Con el tiempo, esa pequeña transigencia se convertirá en un gran problema.

¿Hay algo en tu vida que estás tolerando?

¡Date la orden de parar!

No digas

Lo más difícil de someter del cuerpo es la lengua.[25] ¡Bueno, quizás la segunda más difícil! Así que permíteme que emita un reto de caballero. A lo que nosotros llamamos habladurías de galería, la Biblia lo llama pecado.

Tampoco debe haber palabras indecentes, conversaciones necias ni chistes groseros, todo lo cual está fuera de lugar.[26]

He aquí una simple regla general: *no digas algo sobre alguien que no dirías si estuviera presente.* Y, sobre todo, honra a tu esposa con tus palabras. ¡Si vas a hablar de ella a sus espaldas, asegúrate de que estás presumiendo de ella!

Hay una pequeña y potente frase repetida en la Escritura: «No digas».

A cualquier cosa que digas, le das poder. Cuando expresas pensamientos negativos, estás reforzando lo que está mal. Con el tiempo, a menudo se convierte en una profecía autocumplida.

En vez de verbalizar la negatividad, habla palabras de fe. En lugar de verbalizar quejas, pronuncia palabras de alabanza. Cuando Dios llamó a Jeremías a ser profeta, este se sintió abrumado y subcalificado. Utilizó la inexperiencia como excusa y Dios reprendió su excusa.

No digas: Soy un niño.[27]

¡Deja de dar excusas!

Soy demasiado viejo. Soy demasiado joven. Tuve malos padres. He cometido demasiados errores. No tengo la educación. No tengo la experiencia.

118

¡No digas!

¿Qué necesitas tener en tu lista de «no digas»? Puedes comenzar con obscenidades, charlas tontas y chistes fuertes. Mientras que estás en eso, agrega el chisme y la mentira. Y para colmarlo, dejar de insultar a los demás o presumir de ti mismo.

Si podemos someter nuestras lenguas, no hay ninguna parte de nuestros cuerpos que no podamos controlar. Santiago comparó la lengua con el timón de un barco, que voltea a toda la nave.

Cuando ponemos freno en la boca de los caballos para que nos obedezcan, podemos controlar todo el animal. Fíjense también en los barcos. A pesar de ser tan grandes y de ser impulsados por fuertes vientos, se gobiernan por un pequeño timón a voluntad del piloto. Así también la lengua es un miembro muy pequeño del cuerpo, pero hace alarde de grandes hazañas. ¡Imagínense qué gran bosque se incendia con tan pequeña chispa! También la lengua es un fuego, un mundo de maldad. Siendo uno de nuestros órganos, contamina todo el cuerpo y, encendida por el infierno, prende a su vez fuego a todo el curso de la vida.[28]

Los resilientes

Cuando el reality show *Survivor* debutó por primera vez, yo era un ávido espectador. Al final de cada episodio, se planteaba un desafío para obtener inmunidad, que estaba diseñado para probar los límites físicos, emocionales e intelectuales de los concursantes. El ganador semanal ganaba inmunidad, por lo que no podrían votar para que él o ella fueran sacados de la tribu y del show.

Mi desafío favorito de todos los tiempos probó la determinación. De acuerdo con el lema del show, estaba diseñado para ver quién podía sobrevivir a los demás en una guerra de voluntades. Los diez sobrevivientes estaban en la parte superior de los postes tótems rodeados de agua. Cada vez que un competidor caía del poste al perder el equilibrio o la paciencia, era descalificado. La competencia duró mucho más tiempo de lo esperado. Durante las oscuras horas de la noche, tres competidores muy cansados y con mucho frío seguían de pie. ¡El ganador duró diez horas y dieciocho minutos!

¿Qué los mantuvo encima del tótem? Las verdaderas agallas.

La palabra *resistencia*, cuando se refiere a metal, representa una medida de cuánto puede deformarse sin fracturarse. En otras palabras, es la capacidad de doblarse sin romperse. Los metales más resistentes pueden resistir el estrés y la tensión debido a su elasticidad.

La resistencia del metal y la resistencia mental son similares.

Agallas es el lugar donde la pasión y la perseverancia se encuentran.

Agallas es una actitud, no estar dispuesto a renunciar o ceder.

¡Agallas es una raya obstinada santificada![29]

Incluso si estás pendiendo de un hilo, te quedas ahí agarrado. ¡No importa cuántas veces hayas sido derribado, te levantas de nuevo! Sigues manteniéndote sin importar qué, no importa cuándo, no importa cómo.

Gordon MacDonald, en su brillante libro *A Resilient Life*, dice: «En la gran carrera de la vida, hay algunos seguidores de Cristo que sobresalen de todos los demás. Los llamo los resilientes. Cuanto más lejos corren, más fuertes son».[30]

El round sangriento

Tengo un amigo, Chris Owen, cuyo hijo Ethan terminó su primer año de lucha libre en la Universidad Southeastern con un récord asombroso de 40-6. De hecho, Ethan pasó de una lucha sencilla a convertirse en un luchador all-American [mencion honorífica]. En los círculos de lucha libre, ese asalto final se llama el round sangriento, es decir, ganas y estás adentro o pierdes y estás fuera.

El ganador se lleva todo, se convierte en un all-American. En la Biblia, el combate de Jacob durante toda la noche con Dios podría ser la mejor imagen de verdaderas agallas. Jacob se negó a abandonar hasta que Dios lo bendijo. Ese acto de valentía transformó su identidad, cambió su destino.[31]

Ya no era Jacob el engañador. Ahora era Israel, «el que lucha con Dios».

Jacob ganó el round sangriento. Lo mismo hizo Jesús. Cuando estaba orando en el jardín de Getsemaní la noche que fue traicionado, la Escritura dice que su «sudor era como gotas de sangre».[32] En su crucifixión, su espalda estaba ensangrentada debido al látigo romano. La sangre chorreaba desde la corona de espinas a sus ojos. Brotaba de sus manos y sus pies mientras los perforaban con clavos de dieciocho centímetros. Además, brotaba de su costado atravesado por una lanza romana.

Fue un asunto sangriento, pero Jesús ganó ese round. ¿Cómo soportó la cruz, despreciando la vergüenza que ella representaba? La respuesta corta es verdaderas agallas mezcladas con gracia asombrosa.

Por el gozo que le esperaba, soportó la cruz.[33]

Jesús aguantó el dolor de la cruz fijando sus ojos en nosotros: el gozo de su salvación. Cuando estaba en la cruz, nosotros estábamos en su mente. Por eso, la manera en que nos mantenemos fuertes ante el dolor, el sufrimiento y las pruebas es fijando nuestros ojos en Él.

Por tanto, también nosotros, que estamos rodeados de una multitud tan grande de testigos, despojémonos del lastre que nos estorba, en especial del pecado que nos asedia, y corramos con perseverancia la carrera que tenemos por delante. Fijemos la mirada en Jesús, el iniciador y perfeccionador de nuestra fe, quien, por el gozo que le esperaba, soportó la cruz, menospreciando la vergüenza que ella significaba, y ahora está sentado a la derecha del trono de Dios.[34]

Tenemos una nube de testigos que nos animan, ¡y eso hace que se bombee adrenalina! Pero lo mejor de todo es que el mismo Jesús está en la meta esperando por nosotros. Ese es el empujón que necesitamos. Si Él pendió de la cruz por nosotros, podemos llevar nuestra cruz por Él.

Equipo deportivo
El 6 de mayo de 1954, un estudiante de medicina británico llamado Roger Bannister se convirtió en la primera persona en correr una milla en menos de cuatro minutos. Bannister fue inmortalizado, pero no podría haberlo hecho sin dos amigos que lo acompañaban: Chris Chataway y Chris Basher.[35] Pocas personas saben sus nombres, pero sin esos marcapasos, Bannister no habría roto el récord.

Agallas es contar con un equipo deportivo.

¡Puedes soportar casi cualquier cosa si no tienes que hacerlo solo! Incluye a Jesús. El amigo que es más fiel que un hermano.

Pero también necesitamos un grupo de hermanos en tiempos difíciles. Ellos disminuyen la carga que llevamos en nuestros hombros durante los tiempos difíciles, y multiplican la alegría en nuestros corazones en los buenos tiempos. No creo que Jonatán hubiera tenido o podría haber escalado el paso en Micmás, anotando una victoria decisiva contra los filisteos, sin su escudero.[36] Vivimos en una sociedad individualista que aplaude al lobo solitario, pero todos necesitamos un grupo de apoyo.

¿Quiénes son los que marcan tus pasos?

¿Y a quién vas marcando tú?

Cuando preparé la primera lista de objetivos de mi vida, casi todos estos podían ser cumplidos por mí, por mí mismo y solo por mí. Entonces corrí aquel triatlón con Parker, ¡y me di cuenta de que fue dos veces más gozoso cruzar la meta final juntos! Así que volví y agregué un componente relacional a la mayoría de mis metas.

La Biblia dice que la mala compañía corrompe el buen carácter, pero déjame voltear el guion. La buena compañía nos ayuda a pasar de bueno a excelente. Nunca lograrás tu verdadero potencial por ti mismo. Necesitas amigos que te estimulen y te empujen. Después de todo, ¡el hierro se afila con el hierro!

Sin su equipo, John Wesley Powell nunca habría logrado sus objetivos. ¡Había mil cosas que él no podía hacer con un brazo! Powell pudo haber sido el actor principal, pero tenía un elenco de apoyo que remaba, achicaba y transportaba. Y para que conste, ¡le salvaron la vida más de una vez!

Una de mis historias favoritas sobre Powell es su amistad de por vida con el congresista de Mississippi C. E. Hooker. Powell perdió su brazo derecho luchando por la Unión, mientras que Hooker perdió su brazo izquierdo luchando por la Confederación. Eran enemigos de guerra que se hicieron amigos a través de un pacto peculiar. Cada vez que uno de ellos compraba un nuevo par de guantes, le enviaría al otro el guante extra que no podía usar. Durante treinta años intercambiaron guantes como muestra de amistad.[37]

No te establezcas

John Wesley Powell cultivó las verdaderas agallas a una edad temprana. Cuando cumplió los doce años estaba arando y plantando la granja de veinticuatro hectáreas de su familia, transportando las cosechas al mercado y vendiéndolas.

¡Eso hará un hombre de ti rápido!

Sus agallas fueron probadas cuando le cercenaron su brazo derecho en la batalla de Shiloh. Tres de cada cuatro operaciones quirúrgicas durante la Guerra Civil fueron amputaciones y los cirujanos del campo de batalla realizaban tantas de ellas que podían quitar una extremidad en seis minutos exactos.[38] ¡Por supuesto, lo hacían sin los anestésicos o analgésicos adecuados! Powell sintió dolor en las terminaciones nerviosas lesionadas por el resto de su vida.[39] Pero eso no le impidió regresar a la batalla pocos meses después de perder el brazo.

A pocas cuadras de donde vivo en Capitol Hill, el diario de Powell de su viaje por el río Colorado reposa en el Museo Nacional de Historia Natural. Es como un mensaje en una botella, completo con marcas de agua de 150 años de antigüedad. Parte de lo que hace que el diario sea tan valioso es el hecho de que requirió un esfuerzo cuántico para que Powell registrara sus pensamientos por escrito. Después de perder su brazo dominante, tuvo que aprender a escribir con su mano débil. Y para complicar aún más las cosas, no tenía una segunda mano para mantener el papel firme o para evitar que se volara mientras los vientos soplaban a través del cañón. ¡Powell persiguió las páginas de su diario más de una vez! Así que el rastro de papel que Powell dejó de ese viaje sólo llegó a través de un gran esfuerzo.

Antes de que Powell emprendiera su gran aventura, su padre trató de detenerlo. «Wes, eres un hombre mutilado», le dijo su padre. «Establécete en la enseñanza. Es una noble profesión. Saca de tu mente esos disparates de la ciencia y la aventura».[40]

¿Mi consejo? ¡No te establezcas! Cuando las cosas se ponen difíciles, lo difícil se pone en marcha. Nunca es demasiado tarde para ser lo que pudiste haber sido.

Se necesita muchas agallas para seguir tus sueños. Se requieren muchas agallas para luchar por tu matrimonio. Se precisan muchas agallas para ser un verdadero amigo, un verdadero esposo, un verdadero padre. Pero ese es precisamente el punto: Se requiere ser hombre. Eso hace a un hombre.

Así que, ¡sé hombre!

6

Nacido para la tormenta

La sexta virtud de la hombría:
Visión clara

Tendrán visiones los jóvenes y sueños los ancianos.

—Hechos 2:17

Nueva Orleans, Luisiana
8 de enero de 1815

Durante la guerra de 1812, el general Andrew Jackson marchó con más de dos mil voluntarios de Tennessee, desde Nashville a Nueva Orleans. Con valentía lucharon la decisiva Batalla de Nueva Orleans. La triste ironía es que la batalla era innecesaria porque la guerra ya había terminado, ¡pero la noticia del tratado de paz tardó dos semanas en cruzar el Atlántico!

127

Los combates cobraron su precio en las tropas de Jackson, la enfermedad resultó ser el enemigo más peligroso y mortal. Ciento cincuenta soldados se enfermaron gravemente, cincuenta y seis de los cuales ni siquiera podían pararse. El doctor Samuel Hogg le preguntó al general qué quería que hiciera. «¿Hacer, señor? —respondió Jackson—. No debe dejar a ningún hombre en el suelo».[1] No era todavía código oficial de conducta, pero Jackson encarnaba el lema militar: «No dejes a ningún hombre atrás».

Andrew Jackson ordenó a sus oficiales que entregaran sus caballos a los enfermos y fue el primero en hacerlo. Jackson marchó 855 kilómetros a pie. En algún lugar entre Nueva Orleans y Nashville, ganó el apodo de «Old Hickory», el mismo nombre bajo el cual haría campaña para presidente quince años más tarde.

Antes de ganar la Casa Blanca, el séptimo presidente de los Estados Unidos se dice que había luchado hasta trece duelos, lo que explica las treinta y siete pistolas de su colección de armas. No estoy defendiendo la reintroducción del duelo, pero sí revela algo sobre el carácter de Jackson: Old Hickory no era uno que se escondía de una pelea, ¡especialmente cuando el honor estaba en juego!

«Yo nací para la tormenta —dijo Jackson—. La calma no va conmigo».[2] Cuando el mar está tranquilo, ¡nadie necesita un marinero! Cualquiera puede capitanear la nave en esa situación. Pero cuando una tormenta perfecta amenaza con volcar tu matrimonio o ahogar tus sueños, debes actuar como hombre. Un verdadero hombre no se sienta a descansar. Se pone en pie e interviene. Pelea la buena batalla, aun cuando parezca que todo está perdido. ¿Por qué? Porque un verdadero hombre nace para la tormenta.

No te dejes arrastrar fuera de borda.

¡Encárgate de los remos!

Los evangelios relatan una terrible tormenta que azotó el mar de Galilea, amenazando con volcar un barco que llevaba a Jesús y a sus discípulos. De alguna manera el Maestro estaba profundamente dormido en la popa. Los discípulos, algunos de los cuales eran marineros experimentados, estaban asustados. Entonces Jesús despertó, se puso de pie, y reprendió al viento y a las olas, ¡y el mar se calmó!

¿Qué tormenta necesitas reprender?

¿Qué situación te está suplicando que te pongas de pie y digas: «¡Silencio! ¡Cálmate!»?

Jesús reprendió al viento y a las olas. También reprendió fiebres y fariseos, demonios y enfermedades. Y los reprendió con muy pocas palabras.

¿Cómo lo hizo? Él entendía la autoridad que tenía como Hijo de Dios, la misma que nosotros tenemos como hijos de Dios.

¿Por qué lo hizo? Porque entendía su misión. No es insignificante el que Jesús haya empezado a buscar la visión justo antes de cambiar de carrera, de la carpintería al ministerio. ¡Nada te dará una visión más clara que cuarenta días de ayuno en el desierto! Y esa es la sexta virtud de la hombría: una *visión clara*.

Jesús salió del desierto con una declaración de misión centrada. Después, en la sinagoga de Nazaret, leyó del rollo de Isaías:

El Espíritu del Señor está sobre mí, por cuanto me ha ungido para anunciar buenas nuevas a los pobres. Me ha enviado a proclamar libertad a los cautivos y dar vista a los ciegos, a poner en libertad a los oprimidos, a pregonar el año del favor del Señor.[3]

Cuando terminó, enrolló el libro y enrolló sus mangas antes de anunciar: «Hoy se cumple esta Escritura en presencia de ustedes».[4]

¡Sabía lo que estaba haciendo!

Jesús era un hombre que estaba en una misión; tenía una visión clara. No se puede actuar como hombre sin una visión, de la misma manera que no se puede tocar piano sin un piano o jugar al fútbol sin una pelota.

¿Tienes una declaración de misión propia?

¿Tienes una declaración de visión para tu matrimonio?

¿Qué pasa con los valores fundamentales para tu familia?

¿O con los objetivos de vida o un plan de vida?

Los hombres necesitan algo por lo cual luchar, algo contra lo cual luchar. Es cómo sobrevivimos a las tormentas, que sin lugar a dudas van a golpearnos de vez en cuando. Sin visión, el hombre desperdiciará su vida. Pero con una visión clara, él constituye una fuerza a tener en cuenta.

El hombre que se hizo a sí mismo

Andrew Jackson honró a su madre, Elizabeth Jackson. «Nunca hubo una mujer como ella —dijo Jackson—. Era gentil como una paloma y valiente como una leona». Y sus últimas palabras resonarían en su vida para siempre. Jackson dijo: «Sus últimas palabras han sido la ley de mi vida».[5]

En su última conversación con Andrew, Elizabeth dijo: «Si no te vuelvo a ver, quiero que recuerdes y atesores algunas cosas que ya te he dicho: en este mundo tendrás que hacer tu propio camino. Para hacer eso debes tener amigos».[6]

Permíteme profundizar en ese consejo, porque es demasiado importante para pasarlo por alto: *Debes tener amigos.*

En el siglo diecinueve, el concepto del hombre que se hacía a sí mismo fue canonizado. ¡Pero la verdad es que no hay hombres hechos por sí mismos! Todos necesitamos un círculo de amigos, una banda de hermanos. Con frecuencia, nos convertimos en la composición de las personas que nos rodeamos. ¡Así que elige a tus amigos sabiamente!

En el principio, Dios dijo: «No es bueno que el hombre esté solo».[7]

Nada ha cambiado. Todavía no es bueno que el hombre esté solo. Eva fue una solución al problema, pero no fue la única solución. Cada hombre necesita un amigo de la misma manera que David necesitó a Jonatán y este necesitó a David. ¿Alguna vez has estado en el banco de prensa y te das cuenta de que has intentado levantar la pesa una vez más? No hay manera de que puedas levantarla de tu pecho una vez más, por lo que tienes que inclinar la barra o rodarla hacia abajo de tu cuerpo. He estado en esa situación embarazosa una o dos veces.

¡Necesitas un observador!

Es tan cierto en la vida cotidiana como en el gimnasio.

Durante las últimas dos décadas, uno de mis observadores ha sido Dick Foth. Como pastor novato, necesitaba a alguien que me ayudara a navegar por el ministerio. Y para ser franco, ¡necesitaba a alguien que me ayudara a navegar en el matrimonio también! Dick había pasado por eso. Él y su esposa, Ruth, han celebrado más de cincuenta aniversarios. Y ha sido ministro ordenado por más de medio siglo. En otras palabras, ha estado actuando como hombre más de lo que he vivido. Así como mis padres me pasaron su ADN, Dick me ha pasado su sabiduría. Yo no sería quien soy ni estaría dónde estoy sin él. Solía llamar a Dick mi mentor, luego me disculpé con él. Es más que eso, es un padre espiritual. Lo necesito, y, extrañamente, él me necesita.

¿Por qué? Porque la amistad no es opcional. E idealmente, algunas de esas amistades serán intergeneracionales.

Todo Timoteo necesita un Pablo: un padre espiritual.

Todo Pablo necesita un Timoteo: un hijo espiritual.

Y todos necesitamos un Bernabé: un hermano espiritual.

Mantén tu hombría

Al final de su testamento, Elizabeth Jackson desafió a su hijo con una única exhortación: «Mantén tu hombría».[8]

Con el tiempo es fácil para los hombres castrarse en lo emocional. ¡Cometemos tantos errores que dejamos de perdonarnos a nosotros mismos! O nos desanimamos tanto con nuestro sueño que renunciamos a él. Dejamos de tratar de ganar la batalla con la tentación; dejamos de intentar cortejar a nuestras esposas; dejamos de tratar de criar a nuestros hijos.

Hombres, nos rendimos demasiado rápido, muy fácilmente. ¡Mantén tu hombría!

Además de la Biblia, de la cual Andrew Jackson leía tres capítulos cada día, ningún libro tuvo una mayor influencia en su psique que *The Scottish Chiefs*. «Siempre he pensado que William Wallace, como patriota y guerrero virtuoso, era el mejor modelo para un joven».[9] ¿Qué era lo que Jackson admiraba de Braveheart? Wallace encarnaba lo que Jackson llamó «virtud tenaz».[10]

Cuando estábamos recién casados, mi tenacidad condujo a muchas «conversaciones matrimoniales». Dios quiere crucificar la tenacidad egoísta en todos nosotros, pero luego quiere resucitarla y usarla para sus propósitos. Yo la llamo terquedad santificada. Actuar como hombre es negarte a acobardarte frente a circunstancias difíciles. Es enfrentar tus miedos y tus demonios. Es jugar con las cartas que te han repartido, aunque no te gusten. Y cuando es difícil mantener una promesa, actuar como hombre significa ser guardián de esa promesa. O para ir un paso más allá, es ser un proclamador de la promesa.

Permanezcan firmes en la fe, pórtense varonilmente, sean fuertes.[11]

Algunas traducciones dicen «actúen como hombres», pero prefiero «pórtense varonilmente». Portarse varonilmente significa que no te rindes, es el epítome de la perseverancia. La palabra griega aquí, *andrizomai*, significa literalmente «actuar como hombre». Es poseer cualidades propias del hombre: las virtudes de la hombría.

A menudo les digo a otros pastores: «No se enfoquen en el crecimiento de la iglesia; concéntrense en el crecimiento personal». Si se desarrollan ustedes, todo el mundo a su alrededor crecerá a causa de ello. Y eso vale para cualquier ocupación o cualquier situación. Desarróllate a ti mismo y desarrollarás tu plataforma, desarrollarás tu red de trabajo.

Actuar como hombre significa no practicar el juego de la comparación. Todo el mundo pierde en ese juego. Concéntrate en fortalecerte poco a poco. Sé el mejor *tú* que tú puedas ser.

Eso me recuerda a David. Uno de los puntos más bajos de su vida fue el día en que descubrió que los amalecitas habían atacado a Ziglag y habían tomado a todas las mujeres y niños cautivos. Los hombres de David hablaron de apedrearlo. David estaba muy angustiado, pero mantenía su hombría. ¿Cómo?

Mas David se fortaleció en Jehová su Dios.[12]

Si olvidas quién es Dios, ¡olvidas quién eres tú! Y la consecuencia es la falta de confianza en ti mismo. La manera en que te fortaleces en el Señor es recordándote a ti mismo quién es Dios y lo que ha hecho. ¡Dios es *el* Guardián de la promesa! Permanece firme en la fe parándote en las promesas de Dios. Como todos los padres, he cometido muchos errores. Pero una cosa que he hecho bien es orar con las promesas de Dios para mis hijos. Cuando eran jóvenes, convertí a Lucas 2:52 en una oración diaria: «Que crezcan en sabiduría y estatura, y en gracia con Dios y con los hombres». He pronunciado esa oración y proclamado esa promesa miles de veces.

Actuar como hombre significa proclamar las promesas de Dios.

Actuar como hombre significa proclamar las alabanzas de Dios.

Un hombre con una misión

Me encanta la escena clásica de *The Blues Brothers* cuando Elwood Blues anuncia: «Estamos en una misión de Dios».[13] También me encanta la voltereta hacia atrás que su hermano hace por la nave central de la iglesia. ¡Qué gran manera de ir al altar!

Es la misión de Dios lo que nos mantiene en lo recto y lo estrecho. Cuando estamos ocupados con los negocios del Padre, no podemos ser desviados. La misión de Dios no sólo nos motiva a hacer lo correcto, también nos desmotiva de hacer lo incorrecto.

Si no estás en una misión de Dios, en realidad no estás viviendo, estás muriendo. No estás desperdiciando solamente el potencial que Dios te dio, estás desperdiciando espacio. Eres un peso muerto.

Tengo una teoría.

Cuando una iglesia pierde de vista su misión, ¡involuntaria e involuntariamente crean problemas para mantenerse ocupados! Antes de que se puedan dar cuenta, están *jugando a la iglesia* en vez de ser la iglesia. En vez de avanzar el reino, están promoviendo su programa. En vez de ejercer su autoridad, están defendiendo sus planes. ¡Y en lugar de que la iglesia avance, es desviada por la energía lateral!

Lo mismo ocurre con los hombres.

La iglesia del primer siglo tenía problemas, como los tiene la de hoy, pero estaban avanzando a toda velocidad.

Desde los días de Juan el Bautista hasta ahora, el reino de los cielos sufre violencia, y los violentos lo conquistan por la fuerza.[14]

El filósofo y teólogo danés Søren Kierkegaard creía que el aburrimiento era la raíz de todo mal. Estoy absolutamente de acuerdo. El aburrimiento es un problema.

Cuando los hombres se aburren, hacen cosas tontas. ¿Recuerdas a David? Debió haber estado en el campo de batalla con su ejército, no en la azotea espiando a Betsabé. No estaba recibiendo su torrente de adrenalina de la batalla, por lo que encontró otra salida.

El aburrimiento es a menudo el primer signo del pecado. Así que mi consejo es este: ¡mantente ocupado! No ocupado como entrometido en todo u ocupado como adicto al trabajo. Una línea fina se puede dibujar entre una ética de trabajo saludable y trabajo que se convierte en el ídolo en el que encuentras tu identidad. Mantente ocupado con los negocios del Padre.

En pocas palabras, sigue a Jesús.

Si lo haces, estarás de todo menos aburrido.

Lo he dicho antes, pero déjame decirlo de nuevo: no pecas por no pecar. Necesitas una visión más grande y mejor que el pecado. Necesitas una misión que exija cada segundo de tu tiempo, cada pizca de tu talento y cada centavo de tu tesoro. Entonces no lo desperdiciarás en cosas menores.

He crecido para amar y respetar a un grupo de hombres de la congregación Calvary Church en Naperville, Illinois, la iglesia en la que crecí, la que mi suegro pastoreó treinta y un años. Son hombres comunes y corrientes con nombres normales: Ed, Keith, Steve, Pete, Troy, Vern, Tom, Jerry, Fred, Dan y Mark. Tienen espaldas fuertes, manos callosas y una clara visión de Dios. Juntos han hecho decenas de viajes misioneros, ayudando a construir el reino edificando cosas, incluyendo nuestro primer espacio de oficinas en la National Community Church, así como nuestro Centro de Sueños de DC.

Nombra lo que sea y ellos pueden construirlo. ¿Por qué estos hombres usan sus vacaciones para servir a otros? ¿Por qué lo hacen con su propio dinero? Porque están en una misión de Dios.

No puedes estar alrededor de este grupo de hermanos por cinco minutos sin ser bendecido. Pero junto con bendecir a otros, el servicio los ha mantenido ocupados. Y son mejores hombres por eso.

La visión

Cuando decidí por primera vez crear un pacto de discipulado y embarcarme en un año de discipulado, no tenía un plan de estudios. De hecho, ¡no tenía ni idea! Claro, había leído algunos libros sobre el tema. Pero era bricolaje: hazlo tú mismo. Y aunque espero que este libro te dé algunas ideas para que las adoptes, también necesitarás adaptar esas ideas a tus hijos, a tu situación.

Una de las mejores cosas de discipular a los demás es que te enseña autodisciplina. Tú piensas que lo estás haciendo por tus hijos, ¡pero podrías ser el principal beneficiario! ¿Por qué? Porque te obliga a averiguar lo que significa actuar como hombre.

Varios años después de casarnos y comenzar nuestra familia, llegué a la dolorosa conclusión de que tenía una visión para la iglesia que pastoreaba, pero no contaba con una para nuestra familia. ¡Es difícil imaginar que un negocio tenga éxito sin una visión o sin valores, y mucho menos una familia! Así que empecé a pensar con mi hijo mayor qué valores queríamos que nos definieran como Battersons. Y, ¡sí, incluí a mi esposa en el proceso también! Yo quería valores que todos en la familia pudieran poseer para que los mismos pudieran poseernos. Cuando empezamos, nuestra familia tenía unos mantras que repetimos a menudo.

Elige tus batallas sabiamente.
Confiesa cuando te equivoques.
Tu enfoque determina tu realidad.
Si dejas caer tus llaves en un río de lava fundida, ¡hombre, déjalas ir, porque se fueron!

Sí, ese último es un «pensamiento profundo» de Jack Handey. Y, ¡sí, se duplicó como un valor de la familia Batterson! Como puedes ver, necesitamos desesperadamente algunos valores que fueran más que pensamientos profundos. Queríamos palabras intemporales que definieran quiénes somos y quiénes queríamos llegar a ser. Y terminamos con cuatro de ellas: *humildad, gratitud, generosidad* y *valor*.

Si nunca has elaborado una declaración de visión de tu familia ni has identificado los valores de tu familia, aquí tenemos cinco sencillos pasos que te ayudarán a empezar:

1. *Comienza con oración.* La manera de obtener una visión de Dios es entrando en su presencia. Así que no sólo es buena una tormenta de ideas, mejor es ¡una tormenta de oración! El proceso de identificar la visión y los valores siempre comienza alineándote con Dios. Si quieres una palabra *proveniente de* Dios, entonces entra en la Palabra *de* Dios. Al leer las Escrituras en oración, el Espíritu Santo avivará las palabras y los versículos. Cuando Él haga eso, escríbelo en un diario. Luego encierra en un círculo esas palabras y esos versos en oración.

2. *Haz tu tarea.* La visión no se materializa en el aire. Lee cualquier cosa y todo lo que puedas tener en tus manos. Los libros, especialmente las biografías, son el semillero de la visión. Pero no te detengas ahí. Lee algunos libros con sustancia. ¿De quién es el matrimonio que realmente admiras? ¿Qué padres respetas mucho? Llévalos a cenar y hazles muchas preguntas. Luego adopta y adapta esas ideas poniendo tus huellas dactilares en ellas. Y no olvides inventariar tu familia de origen. ¿Qué te gustaría repetir? ¿Qué quieres hacer diferente?

3. *Toma un retiro para la visión.* El siguiente paso en el proceso es el procesamiento. Si tienes cómo hacerlo, sal de la ciudad durante dos días. ¿Por qué? Porque cambio de ritmo + cambio de lugar = ¡cambio de perspectiva! Salir de tu rutina te ayuda a alejarte y ver el panorama general. Además, ¡los nuevos lugares nos ayudan a tener nuevos pensamientos! Yo recomendaría seguir un horario, ¡pero mantenlo flexible! Si eres más un tipo de

procesador intrapersonal, necesitarás un poco de tiempo a solas. En ese caso, usa el tiempo de las comidas para procesar.

4. *Escribe la visión.* El objetivo de un retiro para la visión, ¡es poner algo por escrito! Comienza con un inventario de tu pasado, tus pasiones. ¿Qué te vuelve loco, triste o contento? Identifica las palabras, las frases y los versículos que tocan una terminación nerviosa. Después de tener una lista corta, compárala con la de tu cónyuge. Presta especial atención a los lugares donde esas listas coinciden.

5. *Reescribe la visión.* Cuando estés escribiendo el primer borrador de tu visión o de tus valores, utiliza un lápiz. Recuerda, no eres Moisés. No tienes que bajar de la montaña con unas tablas de piedra escritas por el dedo de Dios. Hay un viejo adagio: «La buena escritura es una mala escritura bien editada». Lo mismo ocurre con la visión y los valores. Incluso la Declaración de Independencia fue editada.

Un último consejo: no te excedas. Si intentas identificar demasiados valores, ¡los tuyos pierden valor! Si tu visión es demasiado matizada, es probable que ni siquiera la recuerdes. Mantenla corta y grata. ¡La visión de Jesús fue de cincuenta palabras! ¡Y trata de hacerla memorable!

Escudo de armas

Un escudo de armas es una insignia familiar que consiste en un escudo, una cresta y un lema. En tiempos medievales, era transmitido como un fideicomiso sagrado de padre a hijo. Y aunque no es algo americano, pensé que sería una manera divertida de celebrar la herencia inglesa de mi familia. Así que mandé a hacer un escudo de armas diseñado para los Battersons.

Yo había escrito *Con un león en medio de un foso cuando estaba nevando* unos años antes, así que adoptamos al león como emblema de nuestra familia. Y mi lema de vida es: «Persigue el león», así que encajaba perfecto. Luego tuve la versión latina de nuestros cuatro valores grabados en el escudo. Francamente, las palabras latinas lo hicieron sentir un poco más sofisticado. Y finalmente, incluí un versículo.

Este es mi hijo amado con quien estoy muy contento.[15]

Así como el Padre celestial bendijo a Jesús con esas palabras, quiero transmitir la misma bendición a mis tres hijos. Si todo lo demás falla, quiero que sepan que los amo. También quiero que sepan que mi amor no se basa en el rendimiento. Los amo por lo que son, no por lo que hacen.

Puede sonar como que la elección de los valores centrales de nuestra familia fue una actividad indolora; sin embargo, fue cualquier cosa menos eso. Comenzamos con una docena de valores potenciales, luego los examinamos a través de un proceso de eliminación. Al fin terminé con cuatro valores porque hay cuatro direcciones cardinales. Entonces, ¿por qué no cuatro valores cardinales?

Nuestros cuatro valores familiares son *descriptivos* y *prescriptivos*. Si dijera que siempre opero con un espíritu de humildad, estaría mintiendo. Pero cuando actúo con orgullo, sé que estoy traicionando la confianza de la familia. Como yo, mis hijos también se quedan cortos. Pero cuando lo hacen, ¡les recuerdo que sus fracasos no definen lo que son! Nuestros cuatro valores nos dan un marco de referencia, un objetivo al cual disparar. Cuando erramos, nos damos cuenta de que erramos. Y cuando le damos al blanco, tratamos de dividir la flecha.

Está es la conclusión: Es imposible dirigir a tu familia si no sabes hacia dónde quieres llevarlos. Sería como salir de vacaciones sin destino planificado.

¿Cuál es tu visión?

¿Cuáles son tus valores?

Sé que algunos de ustedes pueden estar batallando en este punto, sintiéndose como si hubieran perdido el barco. Y así es como me sentí una década en la crianza de mis hijos. Cada intento por hacer nuestros devocionales familiares hacía cortocircuito. Sentí como si estuviera constantemente dejando caer la pelota como padre y como marido.

Si ese eres tú, es hora de actuar como hombre. Y, en mi experiencia, tu esposa apreciará el esfuerzo, cualquier esfuerzo. Así que levántate de nuevo, sacúdete el polvo y dirige a tu familia. Comienza a crear un escudo de armas, ¡y no abandones hasta que le hayas proporcionado a tu familia la visión y los valores que se merecen!

El acto de equilibrio

Uno de los grandes desafíos que cada hombre enfrenta es hacer malabarismos entre la familia y el trabajo; equilibrio trabajo-vida. Si no tienes cuidado, el trabajo se convierte en hogar y el hogar se convierte en trabajo. Si vas a errar en poner demasiado esfuerzo en alguna parte, ¡yerra poniendo esfuerzo de más en el lado de la familia! No te arrepentirás.

Cuando hablo sobre el tema del equilibrio, a veces me paro en un pie y le pregunto a la audiencia si estoy equilibrado. Unas personas dicen que sí; otras dicen que no. Sin embargo, todas están bien y mal. Mi cuerpo está constantemente contrapesando.

Así es la vida, ¡en todas sus partes!

Todos hacemos equilibrio interno. Por ejemplo, cuando tenía veintidós años, fui entrevistado por un grupo de pastores llamados presbíteros que determinarían mi destino ministerial. Con mis credenciales en juego, esperaba una letanía de preguntas teológicas. En vez de eso, me hicieron una sola pregunta: «Si tuvieras que describirte en una palabra, ¿cuál sería?» ¿Mi respuesta? «*Resuelto*». En ese momento pensé que era una respuesta brillante. ¿Ahora? ¡No tanto!

Mi talón de Aquiles es ser resuelto. Es una parte de impaciencia, una parte de competitividad. Y ninguna de esas cosas es saludable o santa. Ahora me suscribo a una larga obediencia en la misma dirección, pero todavía lucho contra la urgencia no santificada de hacer más y más en menos y menos tiempo. ¡Y estoy seguro de que no soy el único! Si encuentras tu identidad en la riqueza, suficiente nunca será suficiente. Si encuentras tu identidad en el éxito, suficiente nunca será suficiente. Si encuentras tu identidad en cualquier cosa fuera de una relación con Cristo, nunca llenarás el vacío que sientes. La única manera de llenarlo es encontrando tu identidad en lo que Jesucristo ha hecho por ti.

La verdadera libertad es no tener nada que probar, y no tienes nada que probar porque Cristo demostró su amor por ti en la cruz. Esa libertad te permite actuar como hombre. ¡Ya no necesitas más superar a alguien!

Una última exhortación.

El principio del fin para el rey Saúl fue mantener un ojo celoso sobre David. Cuando los israelitas empezaron a celebrar las victorias de David más que las de Saúl, el complejo de inferioridad de Saúl levantó su fea cabeza. Hizo lo que los hombres débiles hacen: trató de levantarse construyéndose monumentos.

Considera estos dos versículos, separados por un solo capítulo:

Luego Saúl construyó un altar al Señor.[16]

Saúl fue a la ciudad de Carmelo a levantar un monumento en su propio honor.[17]

Cuando dejas de construir altares a Dios, comienzas a construir monumentos para ti mismo. Y ese es el principio del fin espiritualmente. Ya no estás actuando como hombre. Estás actuando a ser Dios.

Entonces, ¿qué son? ¿Altares a Dios? ¿O monumentos al yo?

Deja de actuar a ser Dios.

¡Sé hombre!

7

El llamado del deber

La séptima virtud de la hombría:
Valor moral

Sé fuerte y valiente.

—Josué 1:6

30 de marzo de 1981
Washington, DC

Yo estaba en una clase de gimnasia de cuarto grado en la
escuela Highland View Elementary School en Greendale, Wisconsin, cuando el director anunció por el intercomunicador
que el presidente Ronald Reagan había recibido un disparo.
A sólo sesenta y nueve días de su presidencia, Reagan aca-
baba de pronunciar un discurso en el Washington Hilton.
Cuando el mandatario salió del hotel con su séquito, John

Hinckley Jr. disparó un revólver de acero azul seis veces en 1,7 segundos.[1] El primer disparo hirió el secretario de prensa de la Casa Blanca, James Brady, en la cabeza. Otro hirió al oficial de policía de DC Thomas Delahanty en la parte posterior del cuello. Otro hirió al agente del Servicio Secreto, Timothy McCarthy. Y un cartucho de .22 hirió al objetivo pretendido, el presidente Reagan, alojándose en su pulmón a sólo dos centímetros de su corazón.

Cuando el sonido de los disparos golpea la corteza auditiva, la reacción natural de uno es protegerse a sí mismo tomando la cubierta. Y eso es lo que todos hicieron, excepto los agentes del Servicio Secreto que eran entrenados para reaccionar de la manera exactamente opuesta. El agente McCarthy instintivamente hizo lo que hacen los agentes, se puso en la posición de un águila con las alas extendidas, convirtiéndose en el blanco más grande posible para poder recibir la bala por el presidente. McCarthy es uno de sólo cuatro agentes que lo han hecho alguna vez. Recibió una bala en el abdomen, la que posiblemente salvó la vida del presidente.

Hace dos mil años, Jesús adoptó una posición de águila con sus alas extendidas. Pudo haberse echado atrás con una llamada a las huestes angélicas, pero el Creador se puso a merced de su creación. ¿Por qué? Para convertirse en el blanco y recibir la bala por nosotros.

Eso es valentía.

La valentía viene en muchas formas y tamaños. Valentía es cuando los bomberos corren hacia el interior de un edificio en llamas cuando todo el mundo está corriendo hacia afuera. Valentía son soldados de pie en la línea de fuego enemigo. Valentía es ponerse en peligro para proteger a alguien más. Por supuesto, una cosa es hacerlo por el presidente de los Estados

Unidos. ¡Otra cosa completamente diferente es hacerlo por un pecador común y corriente!

A la verdad, como éramos incapaces de salvarnos, en el tiempo señalado Cristo murió por los malvados. Difícilmente habrá quien muera por un justo, aunque tal vez haya quien se atreva a morir por una persona buena. Pero Dios demuestra su amor por nosotros en esto: en que cuando todavía éramos pecadores, Cristo murió por nosotros.[2]

Se requería valor físico para que Jesús soportara la paliza y la flagelación. Pero la parte más tortuosa de la crucifixión no fue el dolor físico; fue sentir la ira de Dios por primera vez. Eso precisó un valor moral sin precedentes, ¡sin parangón! ¡El que no conoció pecado, se convirtió en pecado para nosotros! Jesús se convirtió en el pararrayos de la ira divina. El término teológico es *propiciación*. Él nos absolvió de la maldición absorbiendo la maldición en sí mismo.

Esto es hielo fino teológicamente, así que permíteme ser claro: Dios no nos ama porque Cristo murió por nosotros; ¡Cristo murió por nosotros porque Dios nos ama! Tú representas la cruz para Cristo. Pero la justicia exigía que la pena por el pecado fuera pagada en su totalidad.

Durante miles de años antes de Cristo, ese castigo fue satisfecho por un plan de pago anual llamado el Día de la Expiación. La deuda era pagada con sacrificios de animales, pero el pago final fue hecho por el Cordero de Dios sin pecado que satisfizo los justos requisitos de la ley de una vez por todas. Jesús fue el sacrificio final, el pago definitivo.

¿Alguna vez te han culpado de algo de lo cual no eras culpable? ¿Acusado de algo que no hiciste? No es fácil sentarse allí y asumir la responsabilidad, ¿verdad? De hecho, ¡es casi imposible! Ahora, ¡imagínate tomar la culpa de todas las cosas, de todo el mundo! Eso requiere más que valor. Eso adopta la forma más alta y más rara de valor, valor moral.

Y el valor moral es la séptima virtud de la hombría.

«El valor no es simplemente una de las virtudes», escribe C. S. Lewis, «sino la forma de toda virtud en el punto de prueba».[3]

Toda virtud de la hombría será probada con el tiempo, y cuando sea probada, se necesitará valor para pasar la prueba. El amor duro requiere valor moral. Lo mismo hará la fuerza de voluntad y las verdaderas agallas. Al igual que el hierro forjado en el fuego, el valor moral fragua nuestra pasión, nuestra visión.

Lava los pies

Rara vez recuerdo mis sueños y la mayoría de los que recuerdo tienen un tema recurrente: llego tarde a la ceremonia inaugural de un evento atlético en el que se supone que tengo que jugar y pareciera que no logro llegar. ¡Sí, esa es mi peor pesadilla! Sólo he tenido algunos sueños que clasificaría como dados por Dios, pero uno de ellos era tan vívido que escribí las palabras que oí en mi diario en el momento en que me desperté:

No te laves las manos como Pilato.
Lava los pies como Jesús.

No era responsabilidad de Jesús lavar los pies de los demás. Ese trabajo estaba reservado para el servidor más bajo en el tótem judío. Sin embargo, Jesús tomó la responsabilidad de algo que no era su deber. ¡Eso es actuar como hombre!

Pilato hizo exactamente lo contrario, lavándose las manos como una manera de decir: «No soy responsable». Pero lavarse las manos no lo absolvió de culpa. Pilato sabía que Jesús era inocente, pero le faltaba el valor moral para dejarlo ir. En palabras de C. S. Lewis: «Pilato fue misericordioso hasta que tuvo que arriesgarse».[4]

Un versículo revela la debilidad moral de Pilato: «Como quería satisfacer a la multitud... mandó azotar a Jesús y lo entregó para que lo crucificaran».[5]

¡Débil!

En pocas palabras, Pilato era un complaciente. Temía más desagradar a la multitud que violar su propia conciencia. Así que actuó como un pelele en vez de actuar como un hombre.

¿Estás viviendo para que la gente te aplauda?

¿O para que te aplaudan las manos horadadas por los clavos?

Si quieres agradar a Dios, disgustarás a algunas personas a lo largo del camino. Es parte de actuar como hombre. Que así sea. Como dice el viejo adagio: «Puedes agradar a algunas personas todo el tiempo; a toda la gente parte del tiempo; pero no puedes complacer a todo el pueblo todo el tiempo».

Entonces, ¿qué es mejor? ¿Lavarte las manos? ¿O lavar los pies de los demás?

¿Hay alguna situación en la que te hayas absuelto tú mismo de responsabilidad lavándote las manos en vez de asumir el deber y lavarle los pies a alguien?

Cuando esperamos que nuestras esposas lleven más que su parte justa de la responsabilidad como padres, nos estamos lavando las manos; no los pies del otro. Cuando no estamos poniendo de nuestra parte en el lugar de trabajo, nos lavamos las manos en lugar de lavar los pies.

Así que déjame preguntarte de nuevo: ¿Hay alguna situación en la que te hayas absuelto de responsabilidad lavándote las manos en vez de asumir la responsabilidad y lavar los pies de alguien?

El pecado del silencio

El 16 de abril de 1963, Martin Luther King Jr. escribió una carta desde una celda de la cárcel de Birmingham, desafiando al clero blanco para que diera un paso adelante y hablara sobre el tema de la discriminación racial. Algunos clérigos criticaron sus tácticas, por lo que King defendió su estrategia de resistencia no violenta. «La injusticia en cualquier lugar», advirtió el Dr. King, «es una amenaza a la justicia en todas partes».[6]

King les estaba diciendo a sus hermanos blancos que no se lavaran las manos. ¡Él reprendió su inactividad! Cuando no usamos nuestra voz, la perdemos. Y no se equivoquen al respecto, el silencio sanciona. Nada dice más que el silencio, y nada lo dice más fuerte y más claro. King acusó a la iglesia blanca de ser más cautelosa que valiente, permaneciendo en silencio detrás de «la seguridad anestésica de los vitrales». Y cuando la iglesia se acobarda así, se convierte en «el archidefensor del status quo».

«Tendremos que arrepentirnos en esta generación no sólo por las palabras odiosas de la gente mala», advirtió King, «sino por el espantoso silencio de la gente buena».[7]

Si Dios ha hablado sobre un tema, ¿cómo podemos permanecer en silencio? ¡No llamar pecado al *pecado* es tan insensible como no gritar fuego para advertir a otros de un incendio!

El pecado del silencio tiene una amplia variedad de formas. A veces parece tan inocuo como lo políticamente correcto. Como dije antes, vivimos en una cultura en la que es malo decir que algo está mal, y creo que eso es muy malo. Pero no luchamos contra el fuego con fuego. Debemos ser más conocidos por lo que favorecemos que por lo que contrariamos. La mejor manera de combatir lo que está mal es hacer algo bien: escribir un mejor libro, producir una mejor película, comenzar un mejor negocio, redactar una mejor legislación. ¡Critica creando!

Dicho esto, también necesitamos el valor moral para llamarlo como lo vemos. Mantener silencio sobre el pecado no es ni seguro ni sano. Es el pecado de la tolerancia. Y es cobarde. «Pecar manteniéndose en silencio», escribe Ella Wheeler Wilcox, «cuando debemos protestar, hace cobardes a los hombres».[8]

No seremos juzgados sólo por nuestras palabras. También lo seremos por nuestro silencio, por los momentos en que deberíamos haber hablado. Actuar como hombre significa hablar cuando todo el mundo permanece mudo. Es decir lo que se debe decir. Es tener las conversaciones difíciles que requieren amor duro.

Un último reto ahora que estamos en el tema del racismo.

El objetivo no es ser ciegos al color.

El objetivo es ser valientes ante el color.[9]

No podemos —ni debemos— cerrar los ojos a la injusticia. Tenemos que dar un paso adelante e intervenir. Y tampoco podemos simplemente señalar el problema. Debemos ser parte de la solución.

Ignorar lo que está mal es relativismo moral, en el mejor de los casos; y cobardía, en el peor. Jesús nos dijo que pusiéramos la otra mejilla, lo cual requiere un tremendo valor moral. ¡Pero no nos dijo que pusiéramos nuestra mirada al otro lado!

Modelaje

Hace medio siglo, un psicólogo llamado Albert Bandura hizo una serie de estudios para curar a los niños que tenían un miedo terrible a los perros. Les mostró a los pequeños unos videos cortos de otros niños que estaban con unos perros. Los niños de los videos no mostraban ningún miedo a los perros, se les acercaban cada vez más y los acariciaban.

Después de un mes de acondicionamiento visual, los niños fueron colocados en una situación similar a la que habían visto. Un perro desconocido los habría aterrorizado un mes antes, pero el condicionamiento visual les daba nueva confianza. La mayoría de ellos fueron capaces de acercarse a los perros y acariciarlos.

Según el experimento de Bandura, estamos condicionados por lo que vemos más de lo que incluso creemos. Para bien o para mal, ajustamos nuestro comportamiento para reflejar el de los demás. Bandura calificó aquello de «modelaje». Perdona el juego de palabras, pero la moda es un gran ejemplo. Nosotros consciente y subconscientemente tomamos las señales de la moda, en especial cuando estamos en un nuevo entorno. También monitoreamos, y a menudo reflejamos, desde la actitud hasta las idiosincrasias.

Si tienes hijos pequeños, presencias el modelaje todo el tiempo. Tus hijos toman sus señales de ti, por lo que usualmente dicen lo mismo que tú deseas no haber dicho. Además, suelen hacerlo cuando tienes amigos de visita.

Imitamos involuntariamente el comportamiento de los demás y rara vez sabemos que lo estamos haciendo. Por ejemplo, las comedias no solo nos entretienen, nos condicionan. Además, cada película envía un mensaje subliminal. Es por eso que necesitamos usar el filtro que Dios nos ha dado, llamado *conciencia*. Es la clave del valor moral.

Brújula moral

¿Recuerdas cuando David cortó el borde del manto de Saúl? Las Escrituras dicen que «le remordió la conciencia».[10] Los hombres de David querían matar a Saúl, pero David sabía que eso estaba mal. ¿Cómo lo sabía? ¡Por su conciencia!

La conciencia es nuestra brújula moral, nos ayuda a distinguir entre lo correcto y lo incorrecto. Es nuestro sistema operativo espiritual —conectado al corazón humano— y requiere de actualización y mejoramiento constante. La forma de hacerlo es mediante la descarga de la Escritura diariamente. Cuando estudias la Escritura, estás cargando la buena, agradable y perfecta voluntad de Dios. Entonces dejas que tu conciencia sea tu guía, una conciencia informada por las Sagradas Escrituras y sintonizada al susurro apacible del Espíritu Santo.

Instruye al niño en el camino correcto, y aun en su vejez no lo abandonará.[11]

Ese es mi objetivo como padre, y la clave para lograrlo es la conciencia. Ella es el padre o la madre interior cuando ellos no están presentes. En última instancia, quiero que mis hijos hagan lo correcto cuando no estoy presente. Quiero que vivan según sus conciencias, sus convicciones.

Si violas tu conciencia de forma congruente, es como un calibrador que ya no calibra. Pero si entras en la Palabra de Dios y en la presencia de Él de forma coherente, tu conciencia aprende a escuchar y responder a la voz del Espíritu Santo. Con el tiempo te convertirás en un hombre según el corazón de Dios, como el propio rey David.

Actuar como hombre es dejar que tu conciencia sea tu guía. Eso es lo que hizo el Dr. Martin Luther King Jr.

Eso es lo que Martín Lutero hizo cientos de años antes que él.

Ambos hombres eran tan imperfectos como tú y como yo, pero tenían valor moral en cantidades exageradas. King habló contra la discriminación racial, mientras que Lutero se opuso a la venta de indulgencias. Cada uno intentó corregir un error a través del coraje moral.

El 31 de noviembre de 1517, Martín Lutero transcribió y trasladó su conciencia con respecto a la cuestión de las indulgencias a sus *Noventa y Cinco Tesis*, publicándolas en las puertas de la Iglesia del Castillo. Cuando se le dijo que se retractara en la Dieta de Worms, Lutero respondió: «Mi conciencia es cautiva de la Palabra de Dios. No puedo y no me retractaré de nada, porque ir contra la conciencia no es ni correcto ni seguro».[12] Esto inició la Reforma Protestante.

¿De dónde viene el valor moral? De una conciencia que es tomada cautiva por la Palabra de Dios. El valor moral no es influenciado por la opinión pública ni por una decisión de la Corte Suprema. ¡Nuestra plomada es la Escritura, simple y llanamente!

Un hombre de conciencia es un agente de cambio, una fuerza a tener en cuenta. Como observara Andrew Jackson: «Un hombre con valentía hace una mayoría».[13] No es soplado aquí y allá por los vientos de las tendencias. Está anclado a la Palabra de Dios, y esa ancla lo sostiene a través de altibajos, en las duras y las maduras.

Conformidad

El 10 de agosto de 1948, un productor de televisión pionero llamado Allen Funt estrenó un programa de televisión de cámara oculta llamado *Candid Camera*. El genio del show es que atrapaba a la gente en el momento en que actuaban sencillamente como eran. Produjo muchas risas, pero también ofreció una mirada fascinante en la psique humana.

En un episodio titulado «De frente a la parte trasera», una persona desprevenida subió a un ascensor y, naturalmente, se volteó para quedar de frente hacia la parte delantera del ascensor. Fue entonces cuando tres actores entraron en el ascensor y se quedaron de frente hacia la parte trasera. Las cámaras ocultas en el ascensor captaron la angustia de la víctima de la broma. ¿Girar o no girar? Finalmente, un cuarto actor entró en el ascensor y se quedó de frente hacia atrás. Sin excepción, la persona que miraba hacia el frente se volteaba y miraba hacia atrás. La influencia grupal ejercida por aquellos de frente hacia la parte trasera era demasiado abrumadora para que esa persona siguiera siendo la única de frente hacia la parte delantera. Ahora, compara eso con lo siguiente:

No se amolden al mundo actual, sino sean transformados mediante la renovación de su mente.[14]

La NTV dice: «No imiten las conductas ni las costumbres de este mundo». Es más fácil decirlo que hacerlo, ¿verdad? Sobre todo cuando la cultura dominante está de frente hacia la parte trasera.

En pocas palabras, la conformidad es cobardía. Es tomar el camino de menor o ninguna resistencia. Puedes jugar de acuerdo a las reglas establecidas por la cultura dominante. Pero aun cuando ganes, ¡pierdes!

¿En qué te has conformado a la cultura? Piensa en ello, porque es allí precisamente donde necesitas ser transformado.

El valor de la confesión

El valor moral comienza con la confesión y Martín Lutero es un buen estudio de caso. Antes de visitar la Iglesia del Castillo en Wittenberg, Alemania, hace varios años, decidí leer una biografía de Lutero. Lutero tenía sus puntos ciegos, como el resto de nosotros. Pero lo más sorprendente que descubrí fue que a veces pasaba hasta seis horas confesando pecados en una sola sesión. O tenía una conciencia hipersensible o entendía el poder de la confesión. Supongo que era lo último, no lo primero.

Esta es la realidad: la mayoría de nosotros no pasamos más de seis minutos confesando pecado. De hecho, normalmente tomamos unos seis segundos: *Señor, perdóname por todo lo que he hecho mal. Amén.* El problema con esto es este: las confesiones vagas dan lugar a una vaga sensación de perdón.

Si realmente quieres ser valiente, intenta escribir tu confesión. Te animo a destruir ese pedazo de papel después de que termines de confesar, pero puede ayudarte a identificar los pensamientos, comportamientos y actitudes específicos que estás tratando de cambiar.

Si deseas ejercitar aún más valor que eso, confiesa tu pecado a un confidente serio. A menudo es más difícil confesar algo a otra persona que a Dios; por eso es bueno que lo hagamos. También invita a esa persona a entrar en tu problema. Quién sabe, quizás sea parte de la solución. A lo largo de los años, he escuchado muchas confesiones de hombres que luchan con la lujuria, el orgullo, la avaricia y la ira, así como yo. Y he oído algunas confesiones que harían girar tu cabeza. Pero puedo decir con franqueza que mi respeto por la persona que confiesa nunca ha disminuido, sin importar lo que haya confesado. Es más, mi respeto por ellos aumenta. ¿Por qué? Porque se necesita valor moral para confesar los pecados. Y ese tipo de valor rompe el dominio del enemigo en nuestras vidas.

¿Hay una confesión que debes hacerle a tu esposa, a un amigo?

¿O tal vez necesitas asesoramiento para ayudarte a superar una adicción?

¡Actúa como hombre! Y no confieses tu pecado simplemente. Confiesa tus debilidades. Confiesa tus miedos. Confiesa tus heridas. Eso no es fácil de hacer, pero ponerse un rostro valiente no siempre es valentía. A menudo es cobardía. El verdadero valor es ser lo suficientemente vulnerable como para admitir tus faltas y debilidades.

No puedes experimentar intimidad sin vulnerabilidad. No necesitas compartir *en demasía*. Y no estoy hablando de demasiada información. Pero necesitas abrir tu corazón y tus oídos. A veces nuestro utilitarismo masculino es una maravillosa cualidad, *¡úsalo!* Tu esposa no siempre quiere que trates de resolver el problema. A veces sólo quiere un poco de empatía, un poco de sensibilidad.

Humildad audaz

El valor comienza con la confesión, pero no se detiene ahí. El siguiente paso es la profesión, que a menudo es tan difícil para los hombres como la confesión. Claro, algunos atletas gritan un agradecimiento a Dios después de anotar un gol o hacer un lanzamiento de tres puntos para ganar el juego. Y eso es genial. Pero actuar como hombre es más que eso. ¡Es no avergonzarse del evangelio porque es poder de Dios para salvación![15] No estoy hablando de un evangelismo agresivo o un fanatismo bíblico. Eso a menudo hace más daño que bien si se hace en el espíritu equivocado. Actuar como hombre significa ser un testigo audaz de Jesucristo, pero hay que hacerlo con espíritu de humildad.

Es humildad audaz o audacia humilde, elige.

Pocos meses después de negar a Cristo, Pedro estaba de pie ante el mismo Sanedrín que le infundió el temor que lo condujo a su infame negación. Pero esta vez había algo diferente. Los líderes religiosos trataban de callar a Pedro, pero este no se callaba.

Los gobernantes, al ver la osadía con que hablaban Pedro y Juan, y al darse cuenta de que eran gente sin estudios ni preparación, quedaron asombrados y reconocieron que habían estado con Jesús.[16]

Pedro ya no tenía miedo. ¿Por qué? Porque fue testigo de la resurrección de Jesucristo. ¿Cómo puedes temer a algo después de aquello? Además, Pedro había sido lleno del Espíritu Santo.

Pues Dios no nos ha dado un espíritu de timidez, sino de poder, de amor y de dominio propio.[17]

El Espíritu Santo nos da el valor moral para confesar nuestro pecado y profesar nuestra fe. Nos da valor para intentar cosas que no podemos hacer con nuestra propia fuerza. ¡Nos da valor para actuar como hombres no importa qué, no importa cuándo, no importa dónde! La palabra *proselitismo* se ha convertido en un término sucio en nuestra cultura, pero nada es más misericordioso o generoso que compartir tu fe con alguien: compartes lo que es más importante y sagrado para ti. Considéralo de esta manera: adorar es *presumir de Dios con Dios* y evangelizar es *presumir de*

Dios con los demás. Así que la evangelización es una manera más de adorar a Dios.

Penn Jillette es la mitad de Penn & Teller, una comedia y acto de magia en curso que encabeza un show en Las Vegas. Penn es un ateo autoproclamado, pero un ateo que no respeta a los que no hacen proselitismo. Después de uno de sus espectáculos, un hombre de mediana edad le dio de una manera educada y respetuosa una Biblia de las que regalan los Gedeones. Penn no cree ni una palabra que la Biblia tenga que decir, pero respetó el gesto. ¿Por qué? ¡Porque ese hombre creía lo suficiente como para hacer proselitismo!

«Si crees en el cielo y el infierno», dice Penn, «¿cuánto tienes que odiar a alguien para *no* hacerlo prosélito?» ¡Buena pregunta! Entonces Penn dice a bocajarro: «¡No respeto a las personas que no hacen proselitismo!»[18]

¿Creemos lo que creemos lo suficiente para ayudar a otros a creer? ¿O no? El regalo más grande que puedes darle a alguien es tu fe. ¡Así que actúa como hombre profesando tu fe!

Cascos de seguridad

En su libro *The Barbarian Way*, Erwin McManus hace la divertida observación de que a un grupo de buitres se le llama «comité». También observa que a un grupo de rinocerontes se le llama «choque». Un rinoceronte puede correr cuarenta y cinco kilómetros por hora, lo que es bastante impresionante considerando el hecho de que pueden pesar hasta dos mis doscientos sesenta kilos.

Un grupo de hombres sin una misión es un comité y, usualmente, actúan como buitres. Pero un grupo de hombres con valor moral es un choque, y las puertas del infierno no prevalecerán contra ese tipo de ariete.

La fidelidad no es resistir en el fuerte.

¡Es recuperar territorio enemigo!

Hace dos mil años, Jesús nos dio una luz verde. Él dijo: «Vayan y hagan discípulos de todas las naciones».[19]

No es en sus marcas, listo, partida.

¡Es partida, listo, en sus marcas!

«En general, no encuentro cristianos, fuera de las catacumbas, lo suficientemente sensibles a las condiciones», señala la autora Annie Dillard. «¿Alguien tiene una leve idea de qué tipo de poder es el que tan alegremente invocamos? O como sospecho, ¿nadie cree una palabra de ello?» Esa es una reprimenda punzante, pero es difícil discutir con ella cuando se observa al cristiano promedio o la iglesia promedio. Entonces Annie de una manera juguetona pero poderosa aguijonea: «Es una locura llevar sombreros de paja y de terciopelo a la iglesia; todos deberíamos usar cascos de seguridad».[20]

Sé hombre es más que un libro; es una llamada de atención. Como sales olorosas, necesitamos el Espíritu de Dios para activar nuestro sistema nervioso simpático. Debemos despertar para darnos cuenta de lo que está en riesgo. Nacimos en un campo de batalla entre el bien y el mal, y debemos elegir nuestro lado. Luego debemos pelear la buena pelea. Tengo un amigo, Mike Foster, cofundador de www.xxxchurch.com en 2002. Mike tiene pasión por los hombres que luchan con la adicción a la pornografía, pero también la tiene por la industria porno. Por eso montó un kiosco en una convención porno y entregó Biblias *Jesús Loves Porn Stars*. Eso requiere valor, la clase de valor que Pedro encarnó cuando se puso de pie ante el establecimiento religioso.

¿Permiso para hablar francamente?

Podemos orar «Venga tu reino, hágase tu voluntad» hasta que la cara se nos ponga azul, pero no hará nada si nos acurrucamos en los cómodos confines de nuestra subcultura cristiana. Necesitamos invadir algunos infiernos con la luz y el amor de Jesucristo.

«Algunos quieren vivir dentro del sonido de la iglesia o la campana de la capilla», dijo el misionero C. T. Studd. «Yo quiero dirigir una tienda de rescate a un metro del infierno». ¡La iglesia necesita más Studds! Y puedes citarme en eso.[21] Jesús no murió para mantenernos a salvo. Jesús murió para hacernos peligrosos.

Juega a la ofensiva

«Sobre esta piedra edificaré mi iglesia, y las puertas del reino de la muerte no prevalecerán contra ella».[22]

Traducción: ¡*ganamos*! Pero tú no lo sabrías por la forma en que algunas personas se preocupan y alborotan. Vamos, hombres. Vamos, iglesia. No hay lugar para una actitud derrotista en el reino de Dios. ¡Su reino vendrá!, ¡es imparable, es inevitable! Jesús no dijo que *tú* construirás *tu* iglesia. Si lo hubiera dicho, eso sería causa de preocupación. Jesús dijo *Yo* construiré *mi* iglesia; énfasis en yo y en mi.

Por definición, las puertas son medidas defensivas. ¡Así que la iglesia está llamada a jugar a la ofensiva! El enemigo quiere ponerte en los talones, ponerte a la defensiva. Pero ser hombre es jugar a la ofensiva con tu vida, con tu matrimonio, con tu fe.

He pastoreado una iglesia en el epicentro de la política desde hace dos décadas, y he observado que el nivel de angustia aumenta en los años electorales. En un sentido, eso es normal y natural. Para las personas que viven en la capital de la nación, los empleos están en juego cada ciclo electoral. Pero ¿por qué nos ponemos tan nerviosos por quién ganará la Casa Blanca, quién controlará el Congreso, o quién será nombrado para el Tribunal Supremo? No me malinterpretes. Todavía creo que Dios quiere levantar Josés, Danieles y Nehemías. Pero en caso de que lo hayas olvidado, ya tenemos un Rey. Su nombre es «Consejero admirable, Dios fuerte, Padre eterno, Príncipe de paz. Se extenderán su soberanía y su paz, y no tendrán fin».[23]

¿Quiero que los puestos políticos sean ocupados por personas creyentes de la Biblia, temerosas de Dios? ¡Absolutamente! Pero el ancla de mi esperanza no es un presidente, un senador ni un juez de la Corte Suprema. Dios todavía está en su trono. Y aunque no sepamos lo que nos depara el futuro, ¡sabemos quién tiene el futuro!

Hace poco cené con el pastor de la congregación All Saints Church en Worchester, Inglaterra. Le conté un poco de la historia de National Community Church, que se remonta a 1996. Para ser franco, siento eso como una eternidad. Luego me contó la historia de All Saints Church, y puso mi historia en perspectiva. Las instalaciones de esa iglesia se remontan al año 680 d.C., y su actual iglesia anglosajona fue construida en la parte superior de una iglesia romana a la que le dieron el nombre de la madre del emperador Constantino, Helena.

¡Se ha estado adorando continuamente en ella por más de mil trescientos años!

Ese pastor tiene una visión mucho más extensa que yo y creo que eso lo hace menos nervioso. Los reyes y las reinas vienen y van, al igual que los presidentes. De hecho, los imperios suben y bajan. Pero el reino de Dios ha estado viniendo por dos mil años y no puede ser detenido. Es un reino invisible, un reino eterno. El reino de Dios ha sobrevivido a todas las amenazas contra él. Y no sólo ha sobrevivido, ha florecido. Está avanzando más rápido que nunca. Según las estimaciones más conservadoras, cien mil personas en todo el mundo ponen su fe en Jesucristo todos los días. Eso es más gente que segundos en un día, ¡lo que significa que hay regocijo en el cielo cada segundo de cada día!

Anímate.

Ármate de valor.

Sé hombre.

SEGUNDA PARTE

HAZ AL HOMBRE

EL RITO DE PASO

8

La tierra de nadie

Él hará volver el corazón de los padres hacia los
hijos, y el corazón de los hijos hacia los padres.
—Malaquías 4:6, RVR1960

Agosto de 1898
Flag Springs, Texas

Sam Rayburn fungió como vocero del Congreso durante die-
cisiete años, la tenencia más larga en la historia de los Estados
Unidos. Se pudiera argumentar que era la persona con más
poder en Washington durante esa función. Ningún proyecto
de ley llegó a una votación sin su consentimiento y podía
orquestar tácticas dilatorias con los mejores de ellos. Sam
fungió veinticuatro períodos como miembro del Congreso,
pero nunca perdió contacto con sus raíces.

Sam creció en una granja de algodón de dieciséis hectáreas con sus diez hermanos en Flag Springs, Texas. A los dieciocho años, se dirigió al East Texas Normal College. Su familia era muy pobre. Sam ni siquiera tenía una maleta, así que envolvió su ropa y la ató con una cuerda. Pocas palabras se intercambiaron entre padre e hijo en el camino a la estación de tren. Sin embargo, cuando el tren entró en la estación y Sam estaba a punto de abordarlo, su padre metió la mano en su bolsillo y sacó un puñado de dinero.

«Sólo Dios sabe cómo lo ahorró —decía Sam—. Nunca tuvo dinero extra. Ganábamos lo suficiente para vivir. Me quebrantó, dándome esos veinticinco dólares. A menudo me preguntaba de qué se habría privado él, qué sacrificio habrían hecho él y mi madre».[1]

Justo antes de que un Sam con lágrimas en sus ojos subiera al tren, su padre tomó sus manos y pronunció tres palabras que resonarían en el oído de Sam para siempre: «¡Sam, sé hombre!»

Al reflexionar en el panorama de sus setenta y ocho años, Sam Rayburn identificó aquel intercambio con su padre como un momento monumental. Fue un punto de referencia para el resto de su vida. Y ese es nuestro trabajo como padres, darles a nuestros hijos un punto de referencia.

Cuento esta historia por dos razones.

Primero, nuestra responsabilidad más sagrada como padres es ayudar a nuestros hijos a actuar como hombres. Comisiona a tu hijo con un pacto de discipulado y celebra con él un rito de paso. De lo contrario, los exiliamos a la *tierra de nadie*.

Así que la pregunta es la siguiente: ¿Cómo se hace un hombre? Y eso es lo que exploraremos en los últimos tres capítulos de este libro.

El pacto de discipulado que detallo en el próximo capítulo y el rito de paso que describo en el capítulo final fueron mi manera de decirles a mis hijos: ¡Sé hombre! Mi objetivo era darles un punto de referencia para la hombría.

La segunda razón por la que comparto esta historia es para recordarles que un acto de intencionalidad puede cambiar la trayectoria de la vida de tu hijo. Así que anímate, porque un poco de esfuerzo hace mucho. Tus palabras resonarán en los oídos de ellos para siempre. Sus hechos marcarán la diferencia mucho después de que te hayas ido.

La última voluntad y el testamento

En 480 a.C., el rey Jerjes y su ejército persa, con un millón de hombres, invadieron Grecia y exigieron que Esparta entregara sus armas.[3] Nadie habría culpado al rey Leónidas por rendirse. Después de todo, su batallón era superado en número por mil a uno. Pero Leónidas decidió que era mejor morir con valentía que vivir cobarde. Así que pronunció sus famosas últimas palabras: «¡Vengan y tómenlas!»[4]

Durante tres días, trescientos espartanos sostuvieron el estrecho paso de las Termópilas en una de las más famosas últimas batallas de la historia. Se sacrificaron desinteresadamente para que el resto del ejército pudiera retirarse a salvo. El historiador griego Heródoto describió su última batalla de esta manera: «Aquí se defendieron hasta lo último, los que todavía tenían espadas usándolas y los otros resistían con sus manos y sus dientes».[5]

Las últimas palabras acarrean un peso inusual.

Las últimas palabras son simbólicas y proféticas.

Eso fue cierto con Leónidas, ¡sus últimas palabras fueron palabras de combate! También fue verdad con Malaquías, el profeta que tuvo la última palabra en el Antiguo Testamento. El último versículo del Antiguo Testamento es como una última voluntad y un testamento.

Él hará volver el corazón de los padres hacia los hijos, y el corazón de los hijos hacia los padres, no sea que yo venga y hiera la tierra con maldición.[6]

Estas son más que las últimas palabras del Antiguo Testamento. Creo que ellas componen la última oración, la última esperanza. Es la llave para el avivamiento de nuestra nación, pero este comienza en la familia, con los padres. Dios quiere volver el corazón de los padres hacia sus hijos, pero no puede ser un medio giro. No si queremos un giro completo.

Déjame disparar derecho.

Estoy orando por un despertar espiritual en Estados Unidos de América, no necesitamos nada menos ni nada más. Y me encantaría que empezara en la ciudad donde pastoreo, Washington, DC. Pero la realidad es esta: el avivamiento siempre comienza en el corazón, en el hogar. Entonces, y sólo entonces, se extiende a ciudades y naciones.

Para algunos puede sonar como un acorde menor, volver el corazón de los padres hacia sus hijos. Pero es un acorde mayor. Es la forma en que rompemos las maldiciones generacionales y pasamos las bendiciones generacionales. Y Malaquías señaló a los padres por una razón.

Me encantan las madres. Las honro. Y la crianza de los hijos es un deporte de dos trabajando en equipo. Pero si las madres no son el problema principal, entonces no son la solución definitiva. El problema y la solución recaen sobre los padres. Hay excepciones a esta regla, pero las madres por lo general se unen más naturalmente con sus hijos. ¡Una de las razones es el hecho obvio de que los dieron a luz!

Son los hombres los que han dejado caer la pelota, han dejado caer el testigo.

Pasa el testigo

Cuando estaba en la secundaria, formé parte de un relevo de 4 × 100 metros: Batterson, Elko, Simchak, Julian. Los cuatro éramos rápidos, tanto que nuestro récord se mantiene tres décadas más tarde. ¿Cómo puedo saber eso? Porque cada vez que estoy en Naperville, Illinois, vuelvo a Madison Junior High para asegurarme. Sin embargo, a pesar de nuestro tiempo récord, no ganamos el campeonato de la ciudad. ¿Por qué? Porque dejé caer el testigo mientras me lo pasaban. Se clasifica como uno de mis recuerdos atléticos más dolorosos.

De manera similar, demasiados padres están dejando caer el testigo de la fe.

No le damos a nuestros hijos un inicio de carrera porque no sabemos cómo pasar nuestra fe, lo que sabemos sobre la vida, el amor y el Señor. Sé que es difícil hacer por tu hijo lo que tu padre pudo no haber hecho por ti, pero no es excusa. Debes entregarle el testigo a tu hijo, después correr detrás de él y animarlo por tanto tiempo como puedas mantener el paso.

¿Cómo se empieza? ¡En el corazón!

Es difícil para mí identificar un momento cuando mi corazón cambió, pero la génesis fue una conversación difícil con mi esposa, Lora. Estábamos de vacaciones cuando dijo algo que no vi venir: «Para esto no fue que firmé». ¡Eso llamará tu atención de inmediato! Especialmente cuando tu esposa es amorosa y paciente como la mía.

En ese momento, estaba pastoreando una iglesia en crecimiento, escribiendo un libro o dos por año, y dictando conferencias alrededor de treinta días al año. ¿Recuerdas mi talón de Aquiles: la *resolución*? Estaba sacando lo mejor de mí, y mi familia estaba recibiendo el resto de mí, ¡que no era mucho!

Algo cambió en mi corazón ese día, y tomé algunas decisiones difíciles. En primer lugar, puse algunos postes delimitantes de nuevo en su puesto. Me limité a doce viajes por año para dar conferencias que requirieran pernoctar una noche. ¿Hemos tenido algunos baches en la carretera? ¡Por supuesto! Mantener el ritmo adecuado de la vida familiar y laboral es un desafío constante. Pero al reflexionar, esa decisión probablemente salvó a mi familia y a mi cordura.

Además, justo en ese tiempo, leí un libro de Andy Stanley titulado *Choosing to Cheat*. Una afirmación que leí en esa obra cambió totalmente mi perspectiva: «Decir *sí* a una cosa es decir *no* a la otra».[7] Decidí decir no a muchas más oportunidades para poder decir sí a mis principales prioridades: mi mujer y mis hijos.

A fin de cuentas, quiero ser famoso en mi casa. ¡Pero es difícil serlo si nunca estás ahí! También puse otros demarcadores en su lugar. Comencé a guardar mi Sabbat religiosamente. En mi caso, el Sabbat es lunes. Así que todos los lunes, Lora y yo tenemos una cita en el café. A veces hablamos de presupuesto e itinerario. La mayoría de las veces hablamos de nuestros hijos. Esas citas en el café marcan el tono de toda la semana.

También instituí algo que llamo RPH con mi hijo mayor, Parker. El acrónimo significa «Reunión Padre-Hijo», y nos reunimos los martes por la noche durante su año del discipulado. Evoco el pasado con algunas emociones mezcladas porque creo que podría haber hecho un mejor trabajo siendo más intencional, pero tampoco quería que luciera como una tarea o compromiso de salón de clase. Así que íbamos a un café o a una librería Barnes and Noble o un restaurante y hablábamos de la semana, los libros que estábamos leyendo juntos o la vida en general.

Si quieres que tu corazón se vuelva hacia tus hijos, tienes que pasar tiempo con ellos, tiempo de calidad y tiempo en cantidad. No hay atajos.

La familia primero

Uno de mis autores favoritos de todos los tiempos es Aiden Wilson Tozer. Sus libros han tenido un impacto sin precedentes en mi andar espiritual. Pero a decir verdad, me decepcionó cuando leí su biografía. Eso no desacredita todo lo que hizo como pastor y escritor, pero creo que Tozer no pasó la prueba más importante. Cuando murió, su esposa, Ada, se volvió a casar. Varios años después de su segundo matrimonio, una amiga le pidió a Ada que describiera la diferencia entre su primero y su segundo esposo, su primero y su segundo matrimonio.

«Nunca he sido más feliz en mi vida —dijo Ada—. Aiden amó a Jesucristo, pero Leonard Odam me ama a mí».[8]

¡Esforcémonos por las dos cosas, amar a Jesús y amar a nuestras esposas! Uno de mis mantras es «la familia primero». En realidad, es Dios primero, pero eso se asume. Esto es lo que quiero decir por la familia primero: si surge un conflicto entre la familia y cualquier otra cosa, la familia viene primero.

Cuando Parker estaba en la escuela primaria, fui entrenador de su equipo de baloncesto. La mayoría de esos juegos eran los sábados por la noche, creando un conflicto de horario con los dos servicios sabatinos nocturnos de la iglesia. Tomé la difícil decisión de cancelar uno de nuestros servicios el sábado por la noche porque entrenar a mi hijo era una prioridad y no inventé una excusa falsa. Simplemente le expliqué a nuestra congregación por qué estábamos cancelando el segundo servicio. ¿Fue mal entendido por algunas personas? Estoy seguro que lo fue. Pero modeló *la familia primero* a nuestra iglesia y, más importante, a nuestros hijos.

Una de mis viejas reglas es contestar el teléfono si mi esposa o mis hijos llaman. No importa lo que esté haciendo o con quien esté. *Lo siento, señor presidente, mi hija está llamando.* Quiero que mi familia sepa que son más importantes para mí que cualquiera que sea que me encuentre. Y no me disculpo. Incluso he contestado mi teléfono en medio de un sermón una o dos veces. Ahora bien, a veces envío un texto a mi esposa o hijos y pregunto si es urgente. Pero la disponibilidad es de un alto valor para mí. Es una forma pequeña de mostrarles lo importantes que son para mí.

¿Qué límites necesitas poner en su lugar para protegerte?

¿Para proteger tu matrimonio?

¿Para proteger a tu familia?

La implementación de estos límites requiere tomar decisiones difíciles, pero probablemente serán las mejores que hayas tomado. No te arrepentirás de dar prioridad a tu familia. Y esa decisión será eco en la vida de tus hijos para siempre.

Sé que nuestras familias pueden convertirse en ídolos para nosotros. Y sé que algunos padres viven indirectamente a través de sus hijos a tal grado que su bienestar emocional está vinculado a la actuación de sus hijos. Eso no es saludable ni santo. Pero tampoco lo es la negligencia.

Si tuviera que describir a mi padre en una sola frase, sería así: siempre estaba conmigo. ¡Y eso es una gran alabanza! Puede que no me haya llevado a través del tipo de plan proactivo que estoy recetando, pero era increíblemente cariñoso y sabio.

Cuando era niño, mi vida era el deporte. No creo que mi padre se haya perdido un solo juego cuando yo estaba creciendo: béisbol, baloncesto o fútbol. Y también iba a la mayoría de las prácticas.

Mientras asistía a la Universidad de Chicago, donde jugaba al baloncesto, nuestro equipo viajó por todo el país, y mi papá condujo distancias ridículas para verme jugar. El más memorable fue un juego en la Universidad de Brandeis en Boston, Massachussets. Mi mamá y mi papá manejaron todo el camino desde Chicago para verme jugar cinco minutos en la segunda mitad de ese juego. Sí, yo estaba un poco molesto con mi entrenador. Lo asombroso es que mis padres tuvieron que dar la vuelta y conducir a casa la misma noche. Un viaje de treinta horas para verme jugar por cinco minutos.

Eso es algo que uno nunca olvida. Y creo que esa es la mitad de la batalla, estar con tus hijos. Pero para ser realmente exitoso, también necesitas un plan de batalla.

Ora como hombre

El *Queen Mary* es uno de los cruceros más grandes y famosos del mundo. Ahora está fuera de servicio y permanentemente amarrado en Long Beach, California. Durante sus días de navegación, realizó 1.001 cruces transatlánticos. El *Queen Mary* tiene un poco más de 55 metros de alto y casi 311 metros de largo. Pesa 81.237 toneladas, incluyendo un ancla de 45 toneladas.[9] Pero como cualquier nave de cualquier tamaño, es guiada por un timón bastante pequeño. Y en ese timón hay un pequeño dispositivo llamado la aleta de centrado. Esa aleta de centrado hace girar a la nave.

La oración es la aleta de centrado que convierte el corazón. No puedes actuar como hombre si no pagas el precio orando. Así es como Dios vuelve el corazón. Nunca serás un padre perfecto, pero puedes ser un padre que ora. Y la oración es lo que convierte a los padres ordinarios en profetas que conforman el destino de sus hijos.

A lo largo de los años, he probado todas las metodologías de crianza en el mercado. Me he atrevido a disciplinar, educar a los caballeros de hoy en día, y criado hijos a la manera de Dios. Y aunque esas metodologías contienen algunas grandes ideologías, ¡siguiéndolas no siempre ha resultado en un nuevo niño para el viernes!

Después de dos décadas de paternidad, tengo menos confianza en mí y en mis metodologías. Pero tengo más confianza en un Padre celestial que escucha y responde la oración. Ahí es donde empieza la paternidad, con la oración.

He escrito un libro entero sobre el tema de los padres, titulado *Praying Circles around the Lives of Your Children*. Así que no voy a sumergirme profundamente en este tema. Pero permíteme compartir, una vez más, la oración que he pronunciado miles de veces. Es la oración a la que acudo, una oración de piedra de toque que mis hijos recordarán el resto de sus vidas. Es mi adaptación de Lucas 2:52: *Que crezcan en sabiduría y estatura y en gracia con Dios y con el hombre.*

He visto a Dios responder esa oración de tantas maneras a lo largo de los años. Y apenas puedo esperar a ver cómo sigue respondiéndola. Pero una palabra de precaución parece prudente aquí.

La oración es como un búmeran. A veces parece que la respuesta está cada vez más lejos, especialmente durante la adolescencia. No te desanimes. Sigue reclamando las promesas de Dios para tus hijos. Tarde o temprano, la respuesta a tu oración vendrá de la nada, a menudo cuando menos la esperes.

Ora como un hombre.

La primera palabra

Si le hiciera una prueba inesperada a cien pastores y les pidiera que identificaran el punto focal del ministerio de Juan el Bautista, supongo que noventa y nueve dirían simplemente: preparar el camino para el Señor. Y no estarían equivocados, pero tampoco estarían totalmente en lo correcto. El objetivo principal del ministerio de Juan fue profetizado sobre él antes de su nacimiento. Un ángel le dijo a su padre, Zacarías:

Porque será grande delante de Dios. No beberá vino ni sidra, y será lleno del Espíritu Santo, aun desde el vientre de su madre. Y hará que muchos de los hijos de Israel se conviertan al Señor Dios de ellos. E irá delante de él con el espíritu y el poder de Elías, para hacer volver los corazones de los padres a los hijos.[10]

Esa última declaración hace eco del último versículo de Malaquías, y debe haber refrescado la memoria de Zacarías en cuanto a Malaquías 4:6. Esa última oración en el Antiguo Testamento es la promesa de apertura en el Nuevo Testamento. ¿Coincidencia? Yo creo que no. Esta era la misión, la visión por la que Juan el Bautista estaba dispuesto a morir.

Una vez pasé un día inolvidable en París con mi esposa y mi hija. Después de visitar la Torre Eiffel y el Arco del Triunfo, tuvimos una hora para recorrer el Louvre. Hicimos una línea para ver el retrato más famoso, la *Mona Lisa*. Pero a lo largo del camino noté una obra de arte bastante grotesca: la cabeza de un hombre en un plato. Lo adivinaste: era Juan el Bautista. No era hermoso. Pero lo era. Pero no lo era. Pero lo era.

Esta es la historia de fondo.

Juan el Bautista era hombre de hombres; calificas automáticamente para ese club si comes langostas y usas pelo de camello. Pero fue el valor moral lo que distinguió a Juan del resto. Cuando Herodes se casó con la esposa de su hermano, Herodías, Juan el Bautista no sancionaría el matrimonio, así que Herodes hizo que Juan fuera encarcelado. Luego, durante una loca fiesta de baile, un Herodes embriagado ofreció a la hija de Herodías todo lo que ella quisiera. Motivada por su malvada madre, pidió la cabeza de Juan en un plato.

No sabemos qué pasó por la mente de Juan cuando estaba a punto de ser decapitado, pero no creo que haya cuestionado lo que había dicho o hecho. Es más, creo que habría jugado sus cartas de la misma manera otra vez. ¿Por qué? Porque Juan no estaba jugando, estaba actuando como hombre.

Mientras me encontraba en el Louvre y miraba esa horrible aunque atractiva obra de arte, no podía dejar de preguntarme si la modernidad había ignorado lo que los medievales celebraban. Una cabeza en un plato es grotesca, sin duda. Pero, ¿hay algo más noble, más poderoso que un hombre que actúa como hombre, un hombre dispuesto a vivir y morir por lo que cree?

El último capítulo de la vida de Juan el Bautista me recuerda al héroe de Escocia, William Wallace. En la película de 1995 *Braveheart*, antes de ir a la horca, Wallace pronuncia unas poderosas últimas palabras y el acento escocés hace que suenen aún más épicas. Wallace dice: «Todo hombre muere. No todos viven realmente».

¡Muy cierto!

¡Sé hombre!

¡Haz al hombre!

9

El pacto de discipulado

Este es mi Hijo amado; estoy muy complacido
con él.

—Mateo 3:17

2 de septiembre de 2013
Habana, Cuba

Cuando Diana Nyad tenía nueve años de edad, se paró en una
playa en Fort Lauderdale, Florida. A cien millas náuticas, la
revolución de Fidel Castro estaba en pleno apogeo. «¿Dónde está Cuba, mamá? —preguntó Diana—. No puedo verla.
Exactamente, ¿por dónde está?»

La madre de Diana la acercó mientras miraban al océano
aparentemente interminable. Luego señaló hacia el horizonte.
«Allá —dijo—. Esta justo allá. No se puede ver, pero está tan
cerca que casi se puede nadar hasta allá».[1]

Ese día se concibió un sueño en el corazón de Diana, el sueño de convertirse en la primera persona en nadar a través del estrecho de la Florida. Cuando Diana intentó y fracasó en 1978 a la edad de veintinueve años, el sueño quedó inactivo por más de tres décadas, pero no murió. En 2011, Diana intentó y falló de nuevo. Y otra vez. Y otra vez.

Luego, el 2 de septiembre de 2013, una infatigable Diana hizo un nuevo intento a los sesenta y cuatro años de edad. ¿Su lema? «Encuentra un camino». Y eso es lo que hizo. Encontró su camino a través de las aguas del océano infestadas con tiburones agresivos de puntas blancas y cubomedusas venenosas. Halló su camino a través de aguas tan negras como la tinta, de deshidratación y de alucinaciones. Cincuenta y tres horas y 110 millas terrestres después, Diana Nyad cumplió su sueño y se convirtió en la primera persona en nadar de Cuba a Florida sin la ayuda de una jaula de tiburones. «Tengo tres mensajes», dijo Diana, con sus palabras arrastradas por una lengua hinchada. «Uno es que nunca, nunca debemos rendirnos. Dos, es que nunca eres demasiado viejo para perseguir tus sueños. Tres, es que parece un deporte solitario, pero es un equipo».[2]

¿Cómo hizo Diana lo que nadie había hecho antes? ¿Qué le permitió soportar ese tipo de castigo físico y mental? ¿Y por qué?

En sus palabras: «Debes establecer tu voluntad».[3] Es la tercera virtud: la fuerza de voluntad. También requirió una pasión agresiva, una visión clara y verdaderas agallas. Pero Diana no logró el sueño por sí sola; se necesitó un equipo de personas. El equipo ideal de Diana tenía treinta y cinco fuertes. Y había una regla cardinal entre los miembros del equipo durante el nado de Diana: ¡nadie le revela a ella dónde está ni cuán lejos tiene que ir!

La actitud, el equipo, las reglas, todo eso era clave para lograr lo que nunca se había hecho. Pero había un factor más: su padre. Cuando Diana cumplió cinco años, su padre greco-egipcio, Aristóteles Nyad, la llamó con entusiasmo a su guarida y le dio a conocer su destino.

«Hace mucho que espero este día —dijo Aristóteles con su fuerte acento griego—. Ahora tienes cinco años. Hoy es el día en que ya eres capaz de comprender lo más significativo que te diré, mi amor». Aristóteles abrió un diccionario completo sobre su escritorio y señaló su nombre. «Déjame decirte algo, querida. Mañana irás a tu pequeño preescolar y le preguntarás a tus amiguitos, ¿está tu nombre en el diccionario? Ellos te dirán que no. Tú eres la única, mi amor. Tú eres la especial».[4]

Entonces Aristóteles corrió la cortina, revelando el significado de su nombre: «Tu nombre: Nyad {naiad}. La primera definición, de la mitología griega, las ninfas que nadaban en los lagos, océanos, ríos y fuentes para proteger las aguas de los dioses. Escúchame, mi amor, porque ahora viene la parte más importante. La siguiente definición dice: una niña o mujer nadadora campeona. Mi amor, ¡este es tu destino!»[5]

Como padre, Dios te ha dado derechos para dar nombres. Es un privilegio y una responsabilidad impresionante. Los derechos para nombrar comienzan al nacer, pero no terminan ahí. Tú nombras a tu hijo y lo apodas toda su vida. Es tu trabajo nombrar sus dones, nombrar sus pasiones y nombrar su carácter. Luego llama el potencial que Dios les dio a través del amor duro, la disciplina paciente y el estímulo interminable.

El poder de la vida y de la muerte está en la lengua.[6] Y eso es doblemente cierto en el caso de los padres: tus palabras tienen un peso inusual. ¡Tienes el poder de bendecir o maldecir! Tus palabras dan a tus hijos algo para vivir o algo para aguantar. Eres más que un padre.

Eres un sacerdote, un profeta para tus hijos.

Nadie conoce a tu hijo mejor que tú. En algunas maneras, tú los conoces mejor que ellos a sí mismos porque los recuerdas desde antes de que comenzaran a recordar. Así que eres un historiador, un biógrafo. Pero también eres un oráculo. Como el padre de Diana, es tu responsabilidad ayudar a tus hijos a descubrir su destino. Entonces te pones detrás de ellos y los ayudas a ir hacia él.

Es tarea del padre reconocer los momentos de enseñanza.

Es trabajo del padre crear momentos de enseñanza.

Ahí es donde entra en juego un pacto de discipulado.

El pacto de discipulado

Cuando mi hijo mayor, Parker, se acercaba a su duodécimo cumpleaños, pasé meses preparando un pacto de discipulado. Es probable que no te sientas abrumado cuando lo leas. Francamente, no hay nada innovador ni trascendental al respecto. Pero cambió las reglas de juego porque me dio un plan de acción para su año de discipulado.

Era mi manera de hacer de él un hombre.

Cuando llegó el momento de presentarle el pacto a Parker, quise hacerlo en algún lugar especial, en un lugar memorable. A él le encanta acampar, así que condujimos una hora al sur de DC a Pohick Bay en el río Potomac. Instalamos el campamento, cocinamos salchichas y observamos las estrellas por un rato. Luego, después de meter a su hermano menor, Josiah, en su saco de dormir, saqué el pacto de discipulado que había creado.

Que conste, ¡ningún coro angélico apareció en el cielo cantando el «Aleluya» de Handel! Francamente, era un viaje de campamento ordinario hasta ese momento. En el resplandor de la fogata, expliqué los tres desafíos: físico, mental y espiritual. Entonces nos cortamos y firmamos el pacto en sangre. Ahhh, eso no es cierto. Usamos tinta normal, pero no obstante, fue un momento conmovedor.

Antes de desempacar los tres retos, he aquí un ejemplar del Pacto de Discipulado que firmé con Josiah unos años después. Es muy similar al que Parker y yo firmamos, con algunos ajustes. Hice algunos cambios porque mis hijos son muy diferentes. Y te animo a que hagas lo mismo. No lo adoptes; adáptalo.

El
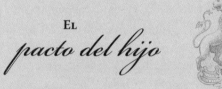 

Yo, Josiah, prometo comprometerme a un año de discipulado con mi papá.

Me someteré al liderazgo y la instrucción de mi padre con humildad, respeto y un espíritu enseñable. Reconozco que parte del discipulado es disciplina. También me comprometo a cumplir tres desafíos: desafío físico, desafío intelectual y desafío espiritual.

EL DESAFÍO FÍSICO

«¿Acaso no saben que su cuerpo es templo del Espíritu Santo, quien está en ustedes y al que han recibido de parte de Dios? Ustedes no son sus propios dueños; fueron comprados por un precio. Por tanto, honren con su cuerpo a Dios».

1 Corintios 6:19-20

Procuraré honrar a Dios con mi cuerpo porque mi cuerpo es
templo del Espíritu Santo. Me disciplinaré y daré todo de mí
para poder decir como Pablo: He terminado la carrera.

Yo, Josiah, entrenaré para una carrera de cien millas en bicicleta
con mi papá.

El desafío intelectual

*«Ama al Señor tu Dios con todo tu corazón y con todo tu ser
y con toda tu mente».*

Mateo 22:37

Voy a estirar mi mente aprendiendo cosas nuevas. Cultivaré
un espíritu enseñable en todas las cosas en todo momento.
También llevaré un diario para no perder de vista las lecciones
que Dios me está enseñando.

Yo, Josiah, me comprometo a leer doce libros y discutirlos con mi
papá.

El desafío espiritual

*«Que nadie te menosprecie por ser joven. Al contrario, que
los creyentes vean en ti un ejemplo a seguir en la manera de
hablar, en la conducta, y en amor, fe y pureza».*

1 Timoteo 4:12

Este es un año para hacer preguntas y buscar a Dios. Seguiré las
huellas de Jesús sirviendo a los demás. Procuraré descubrir
mis dones espirituales y los avivaré hasta que ardan en llamas.

Yo, Josiah, me comprometo a leer todo el Nuevo Testamento este
año.

Como parte de mi entrenamiento espiritual, completaré un
ayuno de cuarenta días absteniéndome de los medios sociales
durante la Cuaresma. También procuraré vivir de acuerdo con

nuestros cuatro valores familiares y estableceré una lista de metas para mi vida.

Yo, Josiah, hago este solemne juramento el 16 de febrero de 2014.

_____

FIRMA

El
pacto del padre

Yo, Mark, juro solemnemente discipular a mi hijo con lo mejor de la capacidad que me dio Dios por el próximo año. Ayunaré con mi hijo y oraré por él. Compartiré mi experiencia y mi sabiduría con amabilidad y estímulo. Y haré todo lo posible para ayudar a Josiah a satisfacer los desafíos físicos, espirituales e intelectuales que enfrentará este año.

Prometo hacer tiempo cada semana para tener una reunión Padre-Hijo. Hablaremos de Dios y de la vida. Cada pregunta es una buena pregunta. Y haré todo lo posible para responder a cada pregunta sincera y francamente.

Procuraré modelar las lecciones que quiero que mi hijo aprenda. Admitiré cuando me equivoco y pediré perdón. Y procuraré bendecir a mi hijo con la misma bendición otorgada a Jesús por su Padre celestial:

«Este es mi Hijo amado, en quien tengo complacencia».

Mateo 3:17, RVR1960

Procuraré ayudar a Josiah a descubrir los dones, las pasiones y las convicciones que guiarán su vida. Procuraré ayudar a mi hijo a encontrar su verdadera identidad en Cristo. Y procuraré ayudar a Josiah a descubrir un sentido de destino que es su derecho de primogenitura como hijo de Dios y en virtud de su homónimo, el rey Josiah.

«[El rey Josías] hizo lo recto ante los ojos de Jehová, y anduvo en todo el camino de David su padre, sin apartarse a derecha ni a izquierda».

2 Reyes 22:2, RVR1960

Por la presente, prometo que, cuando Josiah haya completado los desafíos físicos, espirituales e intelectuales establecidos en este pacto, lo llevaré a una peregrinación a un lugar de mutua elección. Esa peregrinación será la celebración de sus logros durante este año y un rito para pasar a sus años de adolescencia.

_____

FIRMA

Cuándo, dónde, cómo

Mientras elaboras tu pacto, recuerda que estás escribiendo para un preadolescente o adolescente. ¡No tienes que hablar un español sofisticado! Y no tiene por qué estar a la altura de la Declaración de Independencia o el discurso de Abraham Lincoln en Gettysburg. Las palabras no importan tanto como el espíritu que las dirige. El pacto en sí envía un poderoso mensaje a tu hijo. Transmite tu compromiso como padre: el compromiso de darle todo lo que tienes como padre.

Ahora, déjame contestar algunas preguntas frecuentes.

¿Cuándo debo iniciar el año de discipulado?

Hay un viejo axioma: «Cuando el estudiante está listo, el maestro aparece».

Conoces a tu hijo mejor que nadie y sabrás cuándo está listo. Elegí el cumpleaños número doce de mis hijos porque quería que sus ritos de paso a otra etapa coincidieran con sus cumpleaños número trece, el año en que se convirtieron en adolescentes.

No hay una «edad mágica», porque los niños maduran en diferentes momentos y de diversas maneras. Los preadolescentes son como cemento húmedo, lo que hace que el proceso sea un poco más fácil. Además, los papás todavía son geniales a esa edad. Por supuesto, si esperas hasta que sean un poco mayores, puedes mejorar la calidad de las conversaciones porque ellos están tratando temas de adolescentes. En mi opinión, la ventana ideal es entre doce y dieciséis años. ¡Pero recuerda, ¡los niños nunca son demasiado viejos para ser discipulados!

¿Dónde debo firmar el pacto?

La respuesta más simple es en algún lugar especial, en algún lugar memorable. ¿Hay un lugar que sabes que a tu hijo le encanta? ¿Las montañas? ¿El océano? Llevé a Parker a acampar en una tienda, pero con Josiah alquilé una cabaña. De un modo u otro, recomiendo un cambio de escenario. Recuerda esta pequeña fórmula, que mencioné en el capítulo 6: cambio de ritmo + cambio de lugar = cambio de perspectiva.

Para que conste, recomiendo uno-a-uno, solo padre e hijo. Pero si tienes hijos mayores o tíos o incluso un abuelo que deseas incluir, hazlo. Rodear a tu hijo con un círculo de ancianos mejorará el año entero de discipulado.

¿Tiene que ser un retiro?

Recomiendo altamente pernoctar una noche. Esto es crucial. Y empieza con una buena cena. Cuando estén a la mesa, establece el tono para las próximas veinticuatro horas. Comparte tu corazón con tu hijo relatando historias. Comienza afirmando quién es él. Luego reafirma tu compromiso con él como su padre. Este es un evento solemne, ¡pero recuerda divertirte también! Mantén el enfoque en el pacto, pero formúlalo entre buenos recuerdos de un buen momento. De hecho, si puedes añadir un elemento de aventura, mejor. ¿Por qué no subir a la cima de una montaña y presentar el pacto allí.

Con Josiah, presenté el pacto de discipulado después que nos instalamos en la cabaña. Le dejé leer el pacto y luego vacié el contenido. Después de hablar de los tres desafíos, nos arrodillamos y oramos, consagrándonos a Dios y uno al otro. Entonces Josiah firmó el pacto mientras yo captaba una foto encubiertamente.

¿Cuán colaborativo debe ser el proceso?

Si quieres que tu hijo se apropie del pacto de discipulado, es mejor que te asegures de que esté en sincronía con los desafíos. Como estudiante de tu hijo, debes tener una buena idea del desafío físico que se ajuste a su físico. También sabrás el tipo de libros que le gusta leer. Ese es un buen punto de partida.

Pero una de las mejores maneras de conseguir que se apropie por completo del pacto es parar, colaborar y escuchar. Deja que tu hijo recomiende algunos libros que quiera leer o averigua qué clase de ayuno quiere hacer durante la Cuaresma. Y cuando el pacto esté completo, asegúrate de que tu hijo acepte un cien por ciento el peregrinaje del rito de paso. Haz esto dándole algunas opciones, dejando después que él escoja a dónde van y qué van a hacer.

¿Hiciste algo similar con tu hija?

No hice un pacto de discipulado con Summer y, a veces, cuestiono esa decisión. Para bien o para mal, sentí que Lora necesitaba tomar las riendas y participar más activamente con Summer, lo cual hizo.

Dicho esto, la relación de un padre con su hija es importante y va más allá de las palabras. Aunque no hice un año de discipulado con ella, hice un rito de paso. Como describí en el capítulo 4, nos entrenamos para el nado de escape de Alcatraz durante varios meses, y luego volamos a San Francisco para un fin de semana especial. Lo más destacado para mí fue llevarla a un hermoso restaurante con vistas al Océano Pacífico. Fue entonces cuando le di un collar en forma de corazón y le dije que su corazón me pertenecía hasta que se lo diera al hombre con quien se casaría.

Lora también hizo un rito de paso con Summer y sus tías que detallo en *Praying Circles around the Lives of Your Children*. Tomaron el tren hasta la ciudad de Nueva York, vieron una obra de Broadway y le presentaron un cartel con nueve palabras: ¡palabras que definen quién es ella, en quién se está convirtiendo!

Ahora, déjame desglosar los tres desafíos.

El desafío físico

Cuando niño, mi mundo era el deporte. Comía, bebía y respiraba béisbol, baloncesto y fútbol americano, pero ahí no es donde residen los intereses de ninguno de mis hijos. Sin embargo, no importa de qué pasta esté hecho tu hijo, un desafío físico es significativo. ¿Por qué? Porque tu cuerpo es un templo del Espíritu Santo y debe ser administrado. Además, las disciplinas físicas y las espirituales no están desvinculadas. Todo es parte de un paquete.

Debes ser un estudiante de tu hijo. Quieres empujarlo más allá de su rutina, pero debes hacerlo de una manera que sea motivadora. Empújalo lo suficientemente fuerte para demostrarle que es capaz de hacer más de lo que él pensaba. Con Parker, tuve la tentación de hacer una carrera de diez kilómetros. Eso me habría empujado a mí, pero Parker es un acelerado, así que no sentía que eso probaría nada. Así que decidí por un triatlón sprint, ¡completo con nado en el océano!

En realidad tuve que conseguir una exención para Parker porque el requisito de edad era quince años, ¡y Parker tenía sólo doce! Cuando expliqué a los organizadores de la carrera lo que estaba haciendo, estuvieron de acuerdo y nos dieron permiso. Cruzar la línea de meta juntos siempre será uno de mis mejores recuerdos, pero la verdad es que nos unimos más durante nuestro entrenamiento. A veces yo lo empujaba, ¡y a veces él me empujaba!

Los hombres se unen mejor cuando rompen en sudor y comparten el pan juntos. Mi consejo: entrenen juntos, luego coman juntos. Es ventajoso para todos por donde uno lo mire. ¡La búsqueda de un objetivo compartido se convirtió en una memoria compartida! Y ese triatlón nos preparó para su rito de paso, caminando por el Gran Cañón de una orilla a otra, lo cual detallaré en el próximo capítulo.

Mark y Parker celebran el cruce de meta final.

El desafío mental

Hasta mi último año de universidad, había leído sólo media docena de libros *no* asignados por un profesor. Y la mayoría de ellos eran biografías deportivas con muchas estadísticas y fotos. Luego algo cambió durante mi último año de universidad y me enamoré de la lectura.

Una vez oí que el autor promedio pone alrededor de dos años de su vida en cada libro que escribe. Si eso es cierto, leer un libro es como ganar dos años de experiencia de vida. Como pastor joven, me faltaba experiencia, así que tuve que tomarla prestada de los libros. Promedié alrededor de doscientos libros por año durante esos primeros años, lo que significó que gané cuatrocientos años de experiencia por año. Así que cuando alguien me pregunta cuántos años tengo, a menudo respondo en años libro: tengo por lo menos siete mil años.

En pocas palabras, los líderes son lectores. Y eso es lo que quiero que mis chicos sean, no sólo caballeros, sino académicos. Quiero que les guste aprender. Así que les asigné una docena de libros para leer durante su año de discipulado. ¿Qué libros? Bueno, varios de los míos. Dediqué mi primer libro, *Con un león en medio de un foso cuando estaba nevando*, a mis tres hijos, así que ¿por qué no hacer que los lean?

Si quieres usar algunos de mis libros, aquí están mis mejores recomendaciones. *Soulprint* ayudará a tu hijo en el área de la formación de la identidad, que es misión crítica a esa edad y etapa. *El Hacedor de círculos* introducirá a tu hijo a la práctica de la oración. También incluye diez pasos para establecer objetivos de vida. Quizás quieras aprovechar *Dibuja el círculo* y hacer un desafío de cuarenta días de oración con tu hijo. Por último, recomiendo que termines el año de discipulado con el libro *All In*, que es un rito de paso que lo desafiará a ir con Dios sin restricciones.

También tengo otras sugerencias relacionadas con el género y los títulos. Elige una o dos biografías. Elige un misionero o un héroe con el que tu hijo se identifique. Personalmente, me encanta Teddy Roosevelt. De hecho, he leído al menos cinco biografías de Roosevelt. Un consejo: lee la biografía en primer lugar para examinar la legibilidad.

Asigné *Cómo ganar amigos e influir sobre las personas* de Dale Carnegie, simplemente porque es uno de los libros que me hizo enamorarme de ellos. Y pensé que enseñaría a mis hijos algunos conjuntos de habilidades que serán increíblemente útiles para todas sus vidas.

Dependiendo de la personalidad de tu hijo, mezcla algunos títulos de ficción. Leímos *El Alquimista* de Paulo Coelho.

Coelho no escribe necesariamente desde una cosmovisión cristiana, pero los temas del libro lo convierten en grandes puntos de discusión.

Yo ciertamente mezclaría algunos libros que sentarán una base de fe, como *Una vida con propósito* de Rick Warren. Incluye algunos libros que lleven a tu hijo a dar su máximo, como *Haz cosas difíciles* de Alex y Brett Harris. Y preséntale a algunos de tus autores favoritos. Por último, agrega algunos libros divertidos, como *El amor hace* de Bob Goff.

Recuerda, el objetivo no es simplemente leerlos. Es tener doce libros sobre los cuales puedes entablar una conversación amena e interesante. En última instancia, quieres contagiar a tu hijo con un amor por el aprendizaje.

El reto espiritual

El tercer y último desafío es espiritual. Y déjame decir esto anticipadamente: no puedes llevar a alguien donde tú mismo no has ido. Tienes que *actuar como hombre* antes de *hacer al hombre*. No significa que tengas que ser perfecto o todos estaríamos descalificados. La realidad es que crecerás durante el año de discipulado tanto como, o más que, tu hijo. Es una maravillosa situación en la que todos ganan; es tan bueno para los padres como para los hijos.

La disciplina espiritual más importante es entrar en la Palabra de Dios diariamente. Cuando abres la Biblia, Dios abre su boca. No se puede obtener una palabra *de* Dios sin entrar en la Palabra de Dios. Y la meta no es ir a través de la Biblia, es que la Biblia vaya a través de nosotros. Ciertamente quiero que mis hijos crezcan para que sean hombres de palabra, pero aún más importante, quiero que sean hombres de la Palabra.

Una nota a pie de página: mi posesión más preciada es la bien utilizada *Biblia de Referencia Thompson* de 1934 de mi abuelo. Me encanta ver los versículos que subrayó y las páginas que están literalmente pegadas unas a otras porque las pasaba con mucha frecuencia. Esa reliquia de la familia me inspiró a seguir el ejemplo: quiero leer suficientes Biblias que pueda regalar una a cada uno de mis hijos y, finalmente, a mis nietos.

Un hábito que traté de inculcar en mis hijos durante el año de discipulado fue leer la Biblia todos los días. ¿Logramos leerla todos los días? No. Pero fuimos mucho más congruentes de lo que habríamos sido si no hubiéramos establecido la meta en primer lugar. Y cuando lees la Biblia en sintonía con tu hijo, eso inspira grandes conversaciones. Durante nuestras reuniones padre-hijo, a menudo discutimos lo que estábamos leyendo y aprendiendo.

Junto con la lectura de la Escritura, quería involucrar a mis hijos en otras disciplinas espirituales. Una manera en que lo hice fue aprovechando la Cuaresma. Parker y yo ayunamos absteniéndonos de televisión durante cuarenta días, lo cual no es un logro pequeño para un niño de doce años. También fijamos nuestras alarmas para las seis de la mañana los días laborables y nos arrodillamos juntos en oración. Ojalá pudiera decirte que era puro avivamiento todas las mañanas, pues no lo era. ¡Algunas mañanas nuestro mayor logro fue permanecer despiertos! Pero la experiencia valió la pena y pagará dividendos por el resto de nuestras vidas. Además, la mitad de la batalla es simplemente presentarse. Y esa lección no se aprende fácilmente.

Por último, desafié a mis hijos a elaborar una lista de objetivos de vida. Si no piensas que eso califica como espiritual, ¡me permito disentir! Creo que es la esencia de la fe. Después de todo, la fe es «la confianza de que en verdad sucederá lo que esperamos».[7] Parker comenzó con veinticinco metas, algunas de las cuales adoptó y adaptó de mi propia lista, convirtiéndolos en objetivos compartidos. Y hemos logrado varios de ellos desde entonces.

La meta del proceso de discipulado no es solo hacer un hombre; es hacer un hombre de Dios. Y eso necesita más que un padre; necesita un padre espiritual.

En esa nota, permíteme plantear un desafío para aquellos que no tienen un padre biológico o un hijo biológico. No significa que seas el hombre extraño. Tal vez hay alguien a quien le podrías pedir que sea tu mentor, y tal vez hay alguien que necesitas tomar bajo tu abrigo.

Pocas personas han tenido más influencia en mi vida que mi amigo y padre espiritual de setenta y cuatro años, Dick Foth. Él me tomó a mí, un pastor de veintiséis años que no sabía qué camino era hacia arriba, bajo su ala. Yo necesitaba a alguien que hubiera «estado allí, y hecho eso». Dick no sólo me ha acompañado a través del pastoreo y la crianza de mis hijos, sino que me ha persuadido varias veces a no acelerarme. Sin su influencia en mi vida, no estaría donde estoy hoy.

Dick y yo no firmamos un pacto de discipulado ni hicimos juntos un rito de paso. Pero hemos tenido algunas experiencias compartidas que han sido casi vinculantes, incluyendo escribir un libro juntos: *Una vuelta alrededor del sol*. Podría valer la pena agregarlo a tu lista de lectura para el pacto de discipulado.

Un round más

En el espíritu de la libertad, creo que es importante para mí admitir en este punto que no todo salió según el plan con ninguno de mis hijos. Incluso hubo ocasiones en que me preguntaba si era una pérdida de tiempo, pero me negué a tirar la toalla.

No golpeamos todos los blancos que disparamos, pero ¿quién bate un promedio de mil?

Tal vez sientas que has intentado y fallado muchas veces. ¿Recuerdas a Diana Nyad? A pesar de sus repetidos fracasos, se negó a renunciar a su sueño. Deja de golpearte por los errores que has cometido. No estás solo. Y para que conste, Aristóteles Nyad pudo haberlo hecho muy bien en el quinto cumpleaños de Diana, pero se quedó corto como padre, como el resto de nosotros.

Durante el año de discipulado de Josiah, sentí que no podía cumplir con mi objetivo. Tanto es así que le pedí perdón y una segunda oportunidad. Me distraje con algunas de las demandas y los plazos a los que me enfrentaba como pastor y autor. Josiah me perdonó amablemente y extendimos nuestro cronograma por seis meses. Entonces no pudimos cumplir con el desafío físico, que era andar cien millas (ciento sesenta kilómetros) en bicicleta. ¿Por qué? ¡Porque tuve una cirugía de rodilla! Todavía estoy rehabilitando esa rodilla, pero una vez que esté lista vamos a cumplir ese desafío.

Mi punto es que tu plan no va a salir perfectamente. Incluso puedes sentir que no estás haciendo algo útil en la vida de tu hijo. ¡Por eso *firmas* el pacto!

No te des por vencido.

«Lucha un round más —dijo el «Caballero Jim» Corbett, ex campeón de boxeo de peso pesado del mundo—. Cuando tus brazos estén tan cansados que apenas puedas levantar las manos para ponerte en guardia, pelea un round más. Cuando tu nariz esté sangrando, tus ojos estén negros y estés tan cansado que desees que tu oponente te golpee en la mandíbula y te ponga a dormir, pelea un round más; recordando que el hombre que pelea un round más nunca es azotado».[8]

Pudieras perder uno o dos asaltos, pero sigue saliendo de tu esquina. Es posible que tengas que reiniciar el proceso una o dos veces. Pero incluso si no golpea todos sus objetivos, el esfuerzo pagará dividendos el resto de tu vida y la vida de tu hijo.

Una última lección difícil aprendida. Desde que terminé el año de discipulado con Parker, siento que algo de mi intencionalidad se ha salido del radar. Ojalá hubiéramos mantenido una reunión padre-hijo aun después de completar el pacto. Nadie puede quitarnos el año de discipulado que tuvimos, pero debería haberlo visto como una línea de salida, no la línea de meta.

A medida que mis hijos crecen, tengo que seguir creciendo como padre. Los desafíos cambian, yo también. Uno de mis objetivos es vivir hasta cien años, lo que podría requerir un milagro. Si lo hago, mis hijos tendrían setenta y cinco, setenta y tres, y sesenta y ocho años, respectivamente. Pero seguirían siendo mis hijos, y yo seguiría siendo su padre. Una vez padre, siempre padre!

¡Sé hombre!

¡Haz al hombre!

10

El rito de paso

Ten valor y sé hombre.

—1 Reyes 2:2, NTV

25 de diciembre de 1776
Trenton, Nueva Jersey

En diciembre de 1776, la Revolución Americana parecía una causa perdida. Después de una serie desmoralizadora de derrotas, muchos miembros del ejército del general George Washington habían desertado. Muchos más planeaban salir cuando su comisión expirara al final del año. Los británicos estaban contentos retirándose a sus cuarteles de invierno para reagruparse y reabastecerse para la campaña de primavera, pero Washington tenía otros planes.

Una semana antes de Navidad, Thomas Paine escribió *The American Crisis*. Resultaron ser las palabras adecuadas en el momento adecuado, reviviendo el *esprit de corps* [espíritu de cuerpo] entre el ejército continental.

Estos son los tiempos que prueban las almas de los hombres. El soldado de verano y el patriota sol, en esta crisis, se encogerán del servicio de su país; pero el que está a su lado ahora, merece el amor y las gracias del hombre y la mujer. La tiranía, como el infierno, no es fácilmente conquistada; sin embargo, tenemos este consuelo con nosotros, que cuanto más difícil es el conflicto, más glorioso es el triunfo.[1]

Con esas palabras resonando en los oídos de los soldados, Washington planeó una osada ofensiva; osada porque su ejército estaba en gran medida superado en número y requeriría cruzar el río Delaware, medio congelado, después del anochecer.

El general Washington reclutó todas las embarcaciones que pudo y ordenó a los marineros que hicieran un pequeño puerto improvisado. Washington intentaría atravesar tres mil infantes, más cañones. Pero sabía que si el enemigo detectaba un solo barco, el general y todo su ejército serían blanco fácil. Eso es lo que hace que el cruce de Delaware sea una de las maniobras militares más ingeniosas y valientes de la historia de los Estados Unidos. De hecho, podría no haber América sin ella.

En la mañana de Navidad, los soldados recibieron tres días de raciones y piedras nuevas para sus mosquetes. Se les dio órdenes de marchar lo más silenciosamente que pudieran al ferri de McKonkey. Washington planeaba cruzar poco después de la puesta del sol. Lo que no planeaba era una tormenta de invierno brutal. Dos soldados morirían de congelación después del cruce, mientras que el ejército entero dejaba huellas ensangrentadas en la nieve de pies severamente congelados.[2] Pero esa tormenta que «sopló como un huracán» resultó ser una bendición disfrazada. Le dio al ejército de Washington la cobertura que necesitaba para cruzar en secreto.

«La Providencia parecía haber sonreído sobre cada parte de esta empresa», dijo Henry Knox, mano derecha del General Washington.[3] De hecho, el relato de Knox sobre el ataque sorpresa lo comparó con la escena de la batalla final en el libro de Apocalipsis. «Aquí sucedió una escena de guerra que yo había concebido a menudo, pero nunca antes la había visto. La prisa, el susto y la confusión del enemigo no eran muy diferentes de lo que ocurrirá cuando suene la final trompeta».[4] Por supuesto, ¡el hecho de que los mercenarios de Hesse tuvieran una terrible resaca por las festividades de Navidad tampoco perjudicó la causa!

Sólo tres estadounidenses fueron asesinados, mientras que el ejército de Washington capturó a mil prisioneros de guerra, además de sus mosquetes, pólvora y artillería. Fue un momento de la verdad, un momento decisivo en la historia de los Estados Unidos.

Disto mucho de ser un aficionado al arte, pero tengo algunos favoritos. Las ocho pinturas históricas que rodean la rotonda del Capitolio son fascinantes. Otra de mis favoritas es la majestuosa pintura *Daniel en el foso de los leones* por Sir Peter Paul Rubens que cuelga en la Galería Nacional de Arte. Y por último, pero no menos importante, es la pintura de 1851 de Emanuel Gottlieb Leutze, *Washington cruzando el Delaware*. Cuando lo vi por primera vez en el Museo Metropolitano de Arte de la ciudad de Nueva York, ¡me detuvo en seco!

¿Es la pintura una versión romántica de lo que sucedió? ¡Definitivamente! En un retrato más preciso, Washington estaría oscurecido por la nieve, el aguanieve y el granizo, y no habría ningún rayo de luz, porque cruzaban bajo la cubierta de una noche sin luna. Pero hay algo tan emocionante, tan simbólico, en la postura de Washington: su rostro fijo como pedernal.[5] ¡Es un hombre con una misión, arriesgando su propia vida por una causa que juzgó digna de morir!

No diferente de Julio César cruzando el Rubicón, fue un punto de no retorno. Era hacer o morir, todo o nada. ¡No había vuelta atrás! Y en ese sentido, cruzar el Delaware es una metáfora apropiada para la hombría.

Cada hombre tiene un río que cruzar.

En una orilla está el muchacho, y los peligros de cruzar el río son tan reales como el Delaware helado. Pero en la otra orilla está parado un hombre, uno que hace señas al muchacho para que cruce. Es un hombre que ha estado allí y ha hecho eso. ¡Es el padre del muchacho!

El cruce del Jordán

Justo antes de cruzar el río Jordán, Josué lanzó un desafío a los israelitas. Es un desafío eterno, una promesa sin fecha de caducidad.

Conságrense, porque mañana el Señor hará maravillas entre ustedes.[6]

Queremos hacer cosas asombrosas para Dios, pero ese no es nuestro trabajo. ¡Ese es el trabajo de Dios! ¡Nuestro trabajo es consagrarnos! Y si hacemos nuestro trabajo, Dios va a aparecer y a mostrarse. Él es el Dios que pelea nuestras batallas por nosotros, pero debemos consagrarnos a Él.

Eso es lo que los hombres de Israel hicieron circuncidándose literalmente. Me hace dibujar una mueca incluso pensar en ello, pero revela cuán seriamente tomaron el mandato de Dios. Y resultó ser uno de los días más significativos y memorables de sus vidas. Después de todo, no te olvidas del día en que cortaste tu prepucio. Era más que un acto físico de consagración; era un rito de paso espiritual.

Es el día en que Dios removió su oprobio.

Es el día en que los hombres de Israel se convirtieron en hombres de Dios.

Entonces y sólo entonces estaban listos para cruzar el río. Nuestras vidas están marcadas por momentos que son como umbrales: graduaciones, bautizos, bodas. Cada uno implica un pequeño paso, un salto gigante. Pero hay un umbral misteriosamente ausente en nuestra cultura: el rito de paso a la hombría.

En antropología, la palabra *liminar* se refiere a un momento límite en la vida de una persona. A menudo es un ritual que cambia el estatus de alguien, como una boda. Estás solo en un momento y, al siguiente, casado hasta que la muerte los separe. O el bautismo, con una inmersión estás muerto a ti mismo y vivo en Cristo.

Es una nueva normalidad, un nuevo capítulo, una nueva creación.

Es un momento de a.C. a d.C.

Tenemos momentos liminares en nuestra cultura: obtener una licencia de conducir a los dieciséis años, ganar el derecho a votar a los dieciocho años y, por supuesto, poder beber alcohol legalmente a los veintiún años. Pero son cosas arbitrarias y agnósticas; no tienen significado espiritual.

Debemos dar a nuestros hijos una definición clara, una imagen clara, de la hombría. Las siete virtudes de la hombría no son un plan de estudio completo, pero son siete cursos de acción. También debemos a nuestros hijos un rito de paso. Hacerse hombre no puede reducirse a un rito de paso como tampoco el matrimonio puede ser reducido a una boda. Pero ahí es donde comienza.

«No hay lugar en nuestra cultura —dijo Robert Bly—, donde los niños son iniciados conscientemente en la edad adulta».[7] ¿Entonces qué pasa? Tomamos por omisión el consenso cultural: la edad para votar o la edad para beber.

Podemos hacerlo mejor; ¡debemos hacerlo mejor!

De lo contrario, dejaremos a nuestros hijos en la tierra de nadie.

Momento decisivo

A lo largo de la historia, diversas culturas han iniciado a sus hombres de maneras muy diferentes. Una encuesta rápida puede proporcionar algunas cosas preliminares que se deben y no se deben hacer.

En la cultura judía, el rito de paso de un niño se llama bar mitzvah. Históricamente, a los trece años de edad, un niño era plenamente responsable de sus acciones, lo que significaba que su padre ya no era culpable por los pecados de su hijo. A un niño se le daban también los derechos y las responsabilidades de un hombre: el derecho a leer públicamente la Torá, el derecho a la propiedad y el derecho a casarse. Su hombría se simbolizaba con el tefilín, una pequeña caja negra que contenía porciones de la Torá que se usaba como una diadema o brazalete.

En la cultura nativa norteamericana, el rito de paso es una búsqueda de la visión que podría implicar una ceremonia de purificación vía una tienda sudorosa o una temporada pasada solo en el desierto.

Para un caballero medieval, el doblaje implicaba un baño ceremonial, ayuno, una vigilia de oración de toda la noche, confesión, comunión y un sermón sobre los deberes de un caballero. Entonces, y sólo entonces, el caballero se arrodillaba ante el altar para que el sacerdote bendijera su espada.

El rito de paso para el joven guerrero Masai implicaba matar a un león.

Los Mandans no comen ni beben ni duermen por cuatro días.

En la isla de Pentecostés, los miembros de la tribu Naghol suben una torre de veintisiete metros y luego dan un salto de fe con dos vides atadas alrededor de sus tobillos. La inmersión simboliza la voluntad de un hombre de sacrificar su vida por su tribu.

Luego está la tradición brasileña Sateré-Mawé de un niño poniéndose guantes llenos de hormigas bala. Según el Índice de Dolor de Picadura de Schmidt, la hormiga bala inflige la picadura más dolorosa de cualquier insecto en el mundo. Una sola picadura es comparable a ser impactado con una bala, de ahí el nombre. Un niño debe soportar las picaduras durante diez minutos sin gritar o mostrar signos de debilidad. El dolor dura un total de veinticuatro horas, pero el niño está un paso más cerca de convertirse en hombre. Una vez que complete ese ritual veinte veces, es oficial.[8]

Algunos de estos ritos de paso parecen arcaicos o completamente erróneos. Y no abogo por nada que implique un castigo cruel e inusual. Pero el hombre necesita una prueba, un juicio. Así es como probamos nuestra hombría. Ciertamente no voy a poner guantes llenos de hormigas bala en las manos de mis hijos, pero tampoco voy a tratarlos con guantes de niño.

Perdona el paréntesis, pero si cada niño recibe un trofeo, ¿cómo aprenderán a lidiar con la agonía de la derrota o a superar el miedo al fracaso? Cuando tratamos a los niños como a niños, ¡siguen siendo niños! Como una oruga que no puede hacer que sus alas crezcan sin luchar por salir del capullo, el niño necesita luchar por su hombría.

Un rito de paso no tiene que poner en peligro la vida, pero yo recomendaría un bien planificado y bien controlado elemento de peligro y aventura. Eso es lo que intenté hacer con mis hijos y mi hija.

Tomemos, por ejemplo, el viaje de cinco días de rafting por el río Colorado que hice con Josiah. ¿Es coincidencia que los momentos más memorables de ese viaje se duplicaron como los más peligrosos? Fue sobrevivir a los rápidos clase 7 que podrían haber volcado nuestra balsa; fue escalar acantilados que casi nos matan de miedo; fue llegar a unos treinta centímetros de una serpiente de cascabel mientras caminábamos por el cañón. ¡Hay algo en la aventura que desafía a la muerte que vivifica!

Ya conté la historia, pero el momento verdaderamente liminar para Josiah fue el marcador de la milla 79.1 en el río Colorado. El viaje de la infancia a la hombría es un proceso, pero el umbral fue Sockdolager. Él era un niño de este lado, un hombre del otro lado. Ahí es donde Josiah cruzó el río de la hombría; literalmente y figurativamente.

El rito de paso de Parker fue una caminata de orilla a orilla de 7.3 kilómetros que implicó un descenso de kilómetro y medio de elevación hacia la ruta de senderismo Kaibab

Norte y una subida de kilómetro y medio de elevación hacia la ruta de senderismo Bright Angel. Lo más difícil fue que hicimos esa caminata cuando las temperaturas alcanzaban los 43 grados a la sombra. ¡Perdí casi seis kilos en dos días! Llegó un momento en que pensé que tendríamos que ser sacados en helicóptero. Es imposible mantenerse hidratado en esas temperaturas, y nos quedamos sin agua con más de seis kilómetros de ruta por recorrer. Yo le iba preguntando a Parker: «En una escala de uno a diez, ¿cómo estás?» Cuando Parker dijo: «Menos uno», me asusté por él y por mí. Si no sacaba a Parker vivo de ese cañón, ¡no estaba seguro si tendría una casa a la cual volver!

Cuando al fin llegamos a la orilla sur del cañón y miramos hacia atrás el sendero que habíamos atravesado, fue un momento liminar. Un niño entró en el cañón, pero salió un joven.

El rito del paso es más que una formalidad, más que una frivolidad. Es un momento decisivo. Planeé una aventura para marcar ese momento, pero eso no es todo. También planeé una ceremonia.

La ceremonia

«Los hombres son el método de Dios», escribe E. M. Bounds. «La Iglesia está buscando mejores métodos; Dios está buscando mejores hombres».[9]

No podría estar más de acuerdo, pero también necesitamos un método para hacer a un hombre. De hecho, eso es lo que falta. Al final de nuestro año de discipulado, sabía que quería ir en una clase de peregrinación con mis hijos. Y lo hicimos. Pero tan importante como la peregrinación fue la ceremonia del rito de paso.

Ya detallé el plan que hice con Parker, organizando una sorpresa bastante elaborada en Roosevelt Island. Hice lo mismo con Josiah. En ambos casos, sus tíos tenían un discurso preparado, un regalo simbólico y una carta de recuerdo. Cuando cada muchacho se paró delante de la piedra de la juventud y de la piedra de la hombría, eso marcó otro momento liminar. Uno de los aspectos más importantes del rito de paso es escribirle una carta a tu hijo, que se convertirá en una piedra angular y tal vez incluso en un recuerdo (suvenir). Las cartas que escribí a mis hijos son tan personales, tan sagradas que no las compartiré. Pero voy a ofrecer algunos consejos que deberían ayudarte a empezar.

En primer lugar, habla palabras que lo afirmen. Declara los rasgos de carácter y los dones espirituales que ves en él. Dile que estás de su lado, pase lo que pase. Asegúrale que tu amor no se basa en lo que él haga. Y recuérdale que es divinamente único y no necesita ser nadie más que la persona que Dios quiso que fuera.

En segundo lugar, emite un desafío. Exhórtalo a seguir a Dios con todo su corazón. Por supuesto, necesitas fijar el estándar mostrando el camino. Dale a tu hijo promesas bíblicas sobre las cuales afirmarse. Recuérdale tus valores básicos. Y asegúrale de los planes y propósitos de Dios para su vida.

En tercer lugar, mantenlo con los pies en la tierra. Aunque deseas declarar fe en el futuro de tu hijo, no olvides admitir tus propios defectos. Eso alivia la presión de tener que ser perfecto. También establece las bases para una relación más auténtica. Y no te olvides de compartir algunas de las lecciones que aprendiste a su edad, ¡lecciones que aprendiste de la manera más difícil!

El objetivo de la carta es darle a tu hijo una prueba escrita de tu amor: es una bendición escrita. Yo también quería que cada uno de mis hijos tuviera más que un recuerdo especial de su rito de paso, ya que tiende a desaparecer con el tiempo. Así que les di regalos simbólicos para marcar el momento.

Josiah recibió un bonito encendedor que simboliza la exhortación de Pablo a Timoteo en 2 Timoteo 1:6: «Te recomiendo que avives la llama del don de Dios». También le di un elefante tallado que su abuelo hizo en su primer viaje misionero a África. Reforcé a ese elefante desafiando a Josiah a que viviera a la altura del legado de su homónimo. Por último, le di su primera maquinilla de afeitar, que no necesitaba todavía. Quería que la maquinilla le recordara a 1 Timoteo 4:12: «Que nadie te menosprecie por ser joven. Al contrario, que los creyentes vean en ti un ejemplo a seguir en la manera de hablar, en la conducta, y en amor, fe y pureza». En su manera peculiar, cada uno de esos regalos es un recordatorio tangible para que actúen como hombres. Después de darles a mis hijos sus cartas y sus regalos, nuestro séquito se dirigió al famoso restaurant de carnes Ruth's Chris Steak House más cercano. Coronamos cada una de las ceremonias de mis hijos con un filet mignon cocinado a la perfección y servido en un plato de quinientos grados con salsa de mantequilla extra. ¡Ese primer bocado de carne es otro momento liminar!

Ahí lo tienes, la esencia en concreto. Pero si visitas www. playtheman.com, encontrarás recursos adicionales y descargas gratuitas.

Abrazadores de orillas

De todos los objetivos de vida que he logrado, el rafting en el río Colorado con Josiah y las excursiones por el Gran Cañón con Parker se encuentran en la parte superior.

Rafting en el río.

Cruzar el cañón.

¡La misma diferencia!

Cuando Parker y yo caminábamos para salir del cañón, haciendo zigzag hasta el tramo final de la ruta Bright Angel, vimos cientos de turistas que revestían la orilla sur. Tal vez fue el agotamiento de dos días de caminata, pero tuve un momento de revelación. Nuestras ropas estaban cubiertas con arcilla del cañón color naranja, mezclada con manchas de sudor salado. Las moscas volaban. Estábamos resecos, quemados, cansados. Y allí estaban esos turistas, parecían acabados de salir de sus habitaciones con aire acondicionado después de una ducha fría, entusiastamente limpios. ¡Algunos de ellos incluso estaban disfrutando sus conos de helado!

¡Por una fracción de segundo, los detesté! Entonces sentí pena por ellos. Ellos estaban *viéndolo* y *perdiéndoselo* al mismo tiempo. ¿Por qué? Porque no puedes apreciar plenamente lo que no has experimentado en persona. Fue entonces cuando surgió un nombre para las personas que se quedan a una distancia, de pie y mirando, pero nunca entran a caminar por el cañón: ¡abrazadores de orillas![10]

Me recuerda a «El hombre en la arena», un discurso épico de Teddy Roosevelt.

No es el crítico quien cuenta, ni el que señala con el dedo al hombre fuerte cuando tropieza o dónde el que hace las cosas podría haberlas hecho mejor. El mérito le pertenece al hombre que se halla realmente en la arena, aquel cuyo rostro está manchado de polvo, sudor y sangre; aquel que lucha con valentía; aquel que se equivoca y falla una y otra vez, porque no hay esfuerzo sin errores y sin deficiencias; pero aquel que se esfuerza por llevar a cabo las acciones, aquel que conoce los grandes entusiasmos, las grandes devociones; aquel que agota sus fuerzas en defensa de una causa noble; aquel que, si tiene suerte, saborea el triunfo de los grandes logros y si no la tiene y fracasa, por lo menos fracasa atreviéndose al mayor riesgo, de modo que su lugar nunca estará con aquellas almas frías y tímidas que ignoran tanto la victoria como la derrota.[11]

Las iglesias están llenas de abrazadores de orillas que sienten que han cumplido su deber religioso sentándose en un banco por sesenta minutos. Escucha, no puedes ser las manos y los pies de Jesús si estás sentado a tus anchas. La iglesia no es un deporte para espectadores. Y tampoco lo es la paternidad.

Actuar como hombre es la cosa más difícil que alguna vez harás. Lo más cercano es hacer al hombre. Pero eso es lo que lo hace noble. Requiere amor duro, asombro infantil, fuerza de voluntad, pasión agresiva, verdaderas agallas, visión clara y valor moral. Habrá momentos en los que te preguntarás si lograrás hacerlo. Esos son los instantes en los que hay que esforzarse valientemente y atreverse grandemente como padre. Si lo haces, harás a un hombre.

Queremos gozo sin sacrificio.

Queremos carácter sin sufrimiento.

Queremos éxito sin fracaso.

Queremos ganancia sin dolor.

Queremos un testimonio sin prueba.

Lo queremos todo, sin entrar completamente.

Así no es la cosa y lo sabes. No recibes crédito por una auditoría. Obtendrás de la paternidad lo que pongas en ella. ¿Cometerás errores? Más de lo que puedes contar. ¿Tus hijos resultarán perfectos? Probablemente tanto como tú. Pero ten la misma resolución que Josué, que dirigió a los hombres de Israel al otro lado del Jordán.

Por mi parte, mi familia y yo serviremos al Señor.[12]

La bendición

Cuando todo esté dicho y hecho, espero que mis hijos crezcan para amar a Dios y a sus padres. Por supuesto, no puedo controlar ninguno de los resultados. Pero necesito poder mirarme en el espejo y saber que les di mi mejor esfuerzo. Quiero que ellos conozcan algo más allá de cualquier sombra de duda: son mis hijos amados, mi hija amada, en quienes estoy muy complacido.[13]

¡Esa es *la* bendición!

El Padre pronunció esa bendición cuando Jesús fue bautizado. Y aunque nosotros leímos eso de paso, Jesús nunca lo olvidó. Esa bendición resonó en sus oídos para siempre.

Esto podría lucir sacrílego, pero se podría argumentar que Jesús había tenido bajo rendimiento a los treinta años de edad. Él tenía un poder incomparable, una sabiduría inigualable, pero todo lo que tenía para mostrar era unas mesas y unas sillas que había hecho en la carpintería de su padre terrenal. Jesús no había hecho ningún milagro ni contado ninguna parábola hasta ese punto. Así que, desde una perspectiva humana, ¿no pensarías que su Padre debía estar un poco decepcionado? Pero el Padre celestial no nos ama en base a lo que somos; nos ama en base a lo que Él es. Su amor no se basa en nuestro desempeño; se basa en su carácter. ¡Dios es amor! Te he desafiado a actuar como hombre y a hacer al hombre, pero esto no se logra a través de esfuerzo humano. No son cosas que *haces* por Dios; Dios las *hace* por ti. Tú eres el hombre, en Cristo.

No encontramos nuestra identidad en lo que hemos hecho por Dios.

La hallamos en lo que Cristo ha hecho por nosotros.

Me quedaré corto mil veces como padre, pero oro para que mis hijos tengan un momento como el de Mateo 3:17. Quiero que oigan, alto y claro, que son amados. Quiero que sepan que estoy muy complacido. No por lo que han hecho, para bien o para mal, sino por lo que son, mis hijos, mi hija.

Puede que mis hijos no recuerden su rito de paso como lo recuerdo yo. De hecho, estoy seguro de que no lo harán. Pero espero que el espíritu detrás de todos mis esfuerzos se haga eco en sus oídos por toda la eternidad: *tú eres mi hijo amado, en quien estoy bien complacido.*

Cuando falles como padre terrenal, ¡recuerda que el Padre celestial compensa más! Si eres un padre soltero, podría requerir el doble de esfuerzo para discipular a tu hijo. Pero no estás solo; tú y Dios son un equipo de lucha divino. Como padre terrenal, quiero ser el mejor reflejo posible del Padre celestial. Pero sólo soy un hombre tratando de hacer a un hombre. Hay un hombre —el Hijo del Hombre, el Hijo de Dios— que ganó la batalla por nosotros. Y seguimos sus huellas.

¡Sé hombre!

EPÍLOGO

Estén alerta, permanezcan firmes en la fe, pórtense varonilmente, sean fuertes.
—1 Corintios 16:13, NBLH

16 de octubre de 1555
Oxford, Inglaterra

Ellos serían conocidos como los tres mártires de Oxford del anglicanismo: los obispos Hugh Latimer, Nicholas Ridley y Thomas Cranmer. Al igual que Policarpo doce siglos antes, no se retractarían de sus convicciones.

Hugh Latimer fue un príncipe entre los predicadores, nombrado predicador universitario de la prestigiosa Universidad de Cambridge. También fungió como capellán personal del rey Eduardo VI. Nicholas Ridley fue obispo de Londres y de Westminster y, como Latimer, fungió como uno de los capellanes del rey. Thomas Cranmer ocupó el cargo más alto en la Iglesia de Inglaterra, arzobispo de Canterbury. Cranmer fue un líder de la Reforma inglesa y, con la ayuda de Ridley, compuso *El libro de oración común*.

Cuando la reina católica María I de Inglaterra, conocida como «María la Sanguinaria» (en inglés, «Bloody Mary»), tomó el trono de Inglaterra en 1553, sus puestos de poder y sus púlpitos de autoridad corrieron peligro. ¿Acaso comprometerían sus convicciones para pacificar a la reina o seguirían predicando sus convicciones para complacer al rey? Latimer, Ridley y Cranmer podrían haber transigido, podrían haber escapado, pero en vez de eso se quedaron y actuaron como hombres hasta el amargo final.

Durante su injusto encarcelamiento, oraron con la pasión de Sadrac, Mesac y Abednego, no por su fuga sino por la restauración del evangelio en Inglaterra.

El 16 de octubre de 1555, los tres obispos fueron conducidos fuera de la puerta de la ciudad y atados a una estaca. Cuando el primer tronco se encendió bajo los pies de Ridley, Latimer pronunció las mismas palabras que Policarpo había oído desde el cielo doce siglos antes:

Ten ánimo, maestro Ridley, y sé hombre. Este día encenderemos tal vela, por la gracia de Dios, en Inglaterra, como confío que jamás será apagada.[1]

Cuando *actúas como hombre,* cuando *haces al hombre,* estás encendiendo una vela para la próxima generación, una vela que nunca será apagada.

¡Sé hombre!

¡Haz al hombre!

SÉ HOMBRE

GUÍA DEL PARTICIPANTE

SESIÓN 1

Rewilding
(De vuelta a la vida silvestre)

Lee, ora y medita en Mateo 19:16-20:

> Sucedió que un hombre se acercó a Jesús y le preguntó:
> —Maestro, ¿qué es lo bueno que debo hacer para obtener la vida eterna?
> —¿Por qué me preguntas sobre lo que es bueno? —respondió Jesús—. Solamente hay uno que es bueno. Si quieres entrar en la vida, obedece los mandamientos.
> —¿Cuáles? —preguntó el hombre.
> Contestó Jesús:
> —"No mates, no cometas adulterio, no robes, no presentes falso testimonio, honra a tu padre y a tu madre", y "ama a tu prójimo como a ti mismo".
> —Todos esos los he cumplido —dijo el joven—. ¿Qué más me falta?

Escribe tus alegatos. Así como con el joven rico, ¿tienes algo que ocultar? ¿Te falta algo en tu relación con Cristo?

Preguntas de discusión

1. ¿Eres un "tipo de tienda" a quien le gusta lo rudo o uno "de cabaña", que prefiere los colchones y el aire acondicionado?

_____

_____

_____

2. Policarpo fue discipulado nada menos que por el apóstol Juan, su padre espiritual en la fe. ¿Tienes un padre espiritual? ¿Qué hombre, u hombres, han influido más en ti?

_____

_____

_____

3. ¿Cuándo te has sentido más hombre? ¿Dónde estabas? ¿Qué estabas haciendo? ¿Qué te hizo sentir tan varonil?

_____

_____

_____

4. Mark dice que nuestra cultura nos ha dejado "inciertos e inseguros en cuanto a nuestra hombría". ¿Ha sido eso cierto contigo? ¿En qué manera? ¿En qué se diferencia la definición de hombría desde el punto de vista cultural y el bíblico?

_____

_____

_____

5. Cuando escuchas la frase "hombre de Dios", ¿a quién recuerdas?

_____

_____

_____

6. ¿Hay algún área de tu vida que se haya vuelto demasiado dócil, previsible, demasiado segura? ¿En qué necesitas ser restaurado?

_____

_____

_____

7. Jesús era completamente Dios, completamente hombre. En tu opinión, ¿cuándo fue Él más varonil?

_____

_____

_____

Reflexión personal

En el capítulo 4 del libro, Mark cuenta la historia de John Muir, que trepó un abeto de Douglas en las montañas de Sierra Nevada durante una tormenta de invierno. Eugenio Peterson llamaba a Muir el "icono de la espiritualidad cristiana". Muir era "una reprimenda permanente en cuanto a convertirse en un simple espectador de la vida, prefiriendo la comodidad de la criatura a la confrontación del Creador".

¿Y qué pasa contigo? ¿Eres un ser cómodo, una criatura de hábito? ¿O estás buscando la confrontación con el Creador?

La visión de Muir "era salvar al alma norteamericana de una entrega total al materialismo". Como Juan el Bautista antes que él, Muir se vio a sí mismo como un profeta que clamaba en el desierto. ¿Su objetivo? Sumergir a todos los que pudo en lo que él llamó "bautismo de montaña".

¿Alguna vez has experimentado un bautismo de montaña? Si es así, ¿qué te enseñó esa experiencia sobre ti mismo? ¿Cómo ha influido eso en lo que eres, en cómo piensas acerca de Dios y en cómo te enfocas en la vida?

Toma unos momentos para reflexionar en tu vida.

¿Cuándo te has sentido más vivo? ¿Cuándo te has sentido más hombre?

¿Cómo has cultivado y celebrado tu hombría?

¿Has perdido algo de tu virilidad en el trayecto?

¿En qué áreas de tu vida has sido insensible?

¿En qué necesitas ser restaurado?

El joven rico hizo la pregunta "¿Qué es lo bueno que debo hacer?" ¿Puedes identificarte con el joven rico? ¿Te falta o perdiste algo en tu vida? ¿Hay algo que te haga sentir menos hombre?

Toma unos diez minutos para hacer un ejercicio y escribe todo lo que pienses al respecto. En base a las preguntas anteriores, anota tus reflexiones.

_____

_____

_____

_____

_____

_____

_____

_____

Declaración personal

Comprométete a ser hombre. Empieza redescubriendo lo que significa ser hombre. Luego, dedícate a seguir el proceso. Enfócate en hacerte hombre, un hombre de Dios, y lo lograrás.

Toma unos minutos para pensar en tu compromiso y prepararte para hacerlo.

_____

_____

_____

_____

_____

_____

_____

_____

SESIÓN 2

Las siete virtudes de la hombría

Lee, ora y medita en 1 Corintios 13:4-8:

El amor es paciente, es bondadoso. El amor no es envidioso ni jactancioso ni orgulloso. No se comporta con rudeza, no es egoísta, no se enoja fácilmente, no guarda rencor. El amor no se deleita en la maldad, sino que se regocija con la verdad. Todo lo disculpa, todo lo cree, todo lo espera, todo lo soporta. El amor nunca deja de ser.

Escribe tus consideraciones en cuanto a las diferentes dimensiones del amor en este pasaje. ¿Cuáles son tus fortalezas y tus debilidades? ¿Hay algún aspecto en el que necesites trabajar más?

Preguntas de discusión

1. Cuando escuchas la frase "tipo duro", ¿a quién recuerdas?

_____

_____

_____

2. Cuenta una experiencia en la que sentiste que alguien te amó cuando menos lo esperabas o no lo merecías. ¿De qué manera ha influido ese amor duro de esa persona en ti?

_____

_____

_____

3. ¿Has tenido alguna experiencia en la que hayas perdido la calma? ¿Y qué de algún momento en que te hayas mantenido tranquilo?

_____

_____

_____

_____

4. ¿Quién ha influido más en ti: tu padre o tu madre? ¿Por qué?

_____

_____

_____

_____

5. ¿Tiene una definición propia de éxito? Si es así, cuéntasela al grupo. Si no, hazlo antes de la próxima sesión.

_____

_____

_____

_____

6. Mark habla de algunos lemas o mantras que se repiten a menudo en su hogar respecto a los cuatro valores o principios que él quiere que definan a su familia: humildad, gratitud, generosidad y valor. ¿Cuál de ellos es el más importante para ti?

_____

_____

_____

_____

7. ¿Cuál de las siete virtudes es la más fuerte para ti? ¿Cuál es la más débil?

_____

_____

_____

Reflexión personal

Califícate en una escala del 1 al 7, con respecto a las siete virtudes de la hombría; en dicha escala 1 representa la virtud más fuerte y 7 la más débil.

Amor duro

El asombro infantil

La fuerza de voluntad

La pasión agresiva

Verdaderas agallas

Visión clara

Valor moral

Cualquiera haya sido tu calificación de cada virtud, ¿hay alguna de ellas en la que desees trabajar? Si tratas de trabajar en las siete al mismo tiempo, será difícil ver un progreso significativo. Así que concéntrate en una virtud a la vez y abre un compás de espera. Luego elabora un plan de acción con metas mensurables y pasos a dar.

Cuando Benjamin Franklin tenía veinte años, dijo: "Fue en esta época que concebí el audaz y arduo proyecto de llegar a la perfección moral. Deseaba vivir sin cometer ningún error en ningún momento; por lo que vencería toda inclinación natural, costumbre o compañía que pudieran inducirme".

Después de identificar las trece virtudes en las que se enfocaría, Franklin comenzó a trabajar con ellas una por una. Hizo un cuadro con las virtudes escritas y se autoevaluaba cada día. Es recomendable el uso de un diario en el que puedas escribir cómo vas progresando. Al enfocarte en cada virtud, prepara un plan de lectura. Lee libros que te mantengan enfocado en esa virtud y desafíate a cultivarla. Usa una concordancia en línea como las de BibleGateway.com, BibleHub.com o YouVersion. com (en español) para buscar en las Escrituras versículos sobre amor, admiración, poder o valor; luego memorízate esos versículos y medita en ellos.

¿Cuál es la primera virtud en la que quieres enfocarte? Escríbela. Luego escribe una oración. Las siete virtudes no pueden forjarse por esfuerzo propio. Requieren la ayuda de Dios. Así que pídela por escrito.

_____

_____

_____

_____

_____

_____

_____

_____

Declaración personal

Si puedes, asiste a un retiro, aunque solo sea de veinticuatro horas. Reflexiona en las siete virtudes. Luego sigue los pasos que Mark sugiere. Escribe tu visión para tu matrimonio y tu familia.

_____

_____

_____

_____

_____

_____

_____

_____

SESIÓN 3

Sé hombre

Lee, ora y medita en Malaquías 4:6:

Él hará que los padres se reconcilien con sus hijos y los hijos con sus padres, y así no vendré a herir la tierra con destrucción total.

Escribe tus reflexiones.

Preguntas de discusión

1. ¿Cómo describirías tu relación con tu padre?

_____

_____

2. ¿Cuál rasgo del carácter de tu padre deseas emular?

_____

_____

3. ¿Te discipuló tu padre o te disciplinó?

_____

_____

4. ¿Tienes un padre espiritual? Si es así, ¿cómo ha influido en ti?

_____

_____

_____

5. ¿Te ves como el sacerdote y profeta de tu familia?

_____

_____

_____

_____

_____

6. En el capítulo 8 del libro, Mark aborda la necesidad de establecer límites en la vida. ¿Necesitas restablecer algunos límites en tu matrimonio? ¿En tu familia? ¿En tu lugar de trabajo?

_____

_____

_____

_____

_____

7. ¿Eres bueno para reconocer los momentos que enseñan? ¿Cómo puedes mejorar en eso?

_____

_____

_____

_____

Reflexión personal

Mark describe los tres desafíos: físico, mental y espiritual en Sé hombre. Adapta el formato que él emplea, elabora un borrador de un pacto de discipulado para ti y tu hijo. (Si no tienes hijo, puedes crear un pacto de discipulado con un amigo.) ¿Qué desafío físico te serviría? ¿Qué podría servirle a tu hijo? ¿Qué libros conformarían su lista de "lectura obligatoria"? ¿Cómo puedes modelar y practicar las disciplinas espirituales con tu hijo? Si no tienes una lista de objetivos de vida, comienza por establecer diez.

¿Qué hombres quieres que influyan en la vida de tu hijo? Haz una breve lista de las personas con las que deseas que tu hijo se relacione.

_____

_____

_____

_____

_____

_____

_____

_____

_____

Declaración personal

Mark expresa su definición de éxito: cuando los que te conocen mejor te respetan más. ¿Le has dado prioridad a tu familia en la forma apropiada? Recuerda, decir sí a una cosa es decirle no a otra. ¿Tienes a tu familia en primer lugar? ¿Dices no a otras cosas para poder decirle sí a tu familia?

¿Qué límites necesitas implementar para poner a tu familia en primer lugar?

_____

_____

_____

_____

_____

_____

_____

_____

_____

SESIÓN 4

El rito de paso

Lee, ora y medita en 1 Reyes 2:1-4:

David ya estaba próximo a morir, así que le dio estas instrucciones a su hijo Salomón: "Según el destino que a todos nos espera, pronto partiré de este mundo. ¡Cobra ánimo y pórtate como hombre! Cumple los mandatos del Señor tu Dios; sigue sus sendas y obedece sus decretos, mandamientos, leyes y preceptos, los cuales están escritos en la ley de Moisés. Así prosperarás en todo lo que hagas y por dondequiera que vayas, y el Señor cumplirá esta promesa que me hizo: 'Si tus descendientes cuidan su conducta y me son fieles con toda el alma y de todo corazón, nunca faltará un sucesor tuyo en el trono de Israel'".

Escribe lo que opinas sobre lo que significa la frase "pórtate como hombre". ¿En qué modo te has portado como hombre? ¿En qué necesitas mejorar? ¿Cuál es la diferencia entre ser un hombre y ser un hombre de Dios? Si le dieras a tu hijo un "último encargo", ¿qué le dirías?

Preguntas de discusión

1. ¿Cuál es la vacación más memorable que tuviste cuando eras niño?

_____

_____

_____

2. ¿Hay algún momento decisivo, como el Sockdolager que menciona Mark, cuando sentiste que te convertiste en hombre? ¿O te hiciste más hombre? Cuenta esa experiencia y los desafíos que enfrentaste.

_____

_____

_____

_____

_____

3. ¿Cuál ha sido el mayor desafío que has tenido como esposo o padre? Cuenta los errores que cometiste o las lecciones que aprendiste en esa temporada.

_____

_____

_____

_____

_____

4. Después de leer este capítulo y mirar el video, ¿tienes alguna idea en cuanto a dónde ir y qué podrías hacer para un rito de paso con tu hijo?

_____

_____

_____

_____

_____

5. Identifica algunos ejemplos de "ritos de paso" en las Escrituras. ¿Qué podemos aprender de ellos y de los hombres que lo hacían?

_____

_____

_____

_____

6. Al pensar en celebrar una ceremonia así para tu hijo, ¿a dónde irías? ¿Qué regalos le darías? Comparte tus ideas con el grupo.

_____

_____

_____

_____

_____

7. ¿Cuáles son las palabras más importantes, dichas o escritas, que alguien te ha expresado? ¿Cómo cambiaron esas palabras la forma en que te ves?

_____

_____

_____

_____

Reflexión personal

Haz un borrador de una carta que te gustaría escribirle a tu hijo para celebrar su rito de paso. ¿Qué rasgos de carácter ves en él? ¿Qué recuerdos personifican lo que él es, en qué va a convertirse? ¿Hay algún versículo de las Escrituras que desees compartir con él? ¿Qué valores o virtudes quieres enfatizarle? Por último, ¿qué bendición quieres extenderle?

_____

_____

_____

_____

_____

_____

_____

_____

Declaración personal

No serás un padre perfecto nunca, pero puedes ser un padre que ore. Y la oración convierte a los padres corrientes en profetas que dan forma al destino de sus hijos. La oración hace que nuestros corazones se vuelquen hacia nuestros hijos. La oración comienza a darle marco a nuestras esperanzas y sueños con ellos y, más importante aún, a las esperanzas y los sueños que el Padre celestial tiene con ellos.

Toma unos minutos para escribir una oración para ti mismo, como padre. Luego escribe una oración por tu hijo. No hagas lo que hacen todos los demás. Pídele a Dios que te revele una imagen de lo que puede ser tu hijo.

_____

_____

_____

_____

_____

_____

_____

_____

_____

_____

NOTAS

Introducción

1. Leonard L. Thompson, «El martirio de Policarpo», *The Journal of Religion* 82, núm. 1 (enero de 2002): 27. La fecha de muerte de Policarpo es objeto de mucho debate. No se puede determinar con autoridad, pero he elegido la fecha que mejor se adapta a los hechos basados en la opinión académica y en mi propia investigación personal.
2. Kenneth Howell, *Ignatius of Antioch and Polycarp of Smyrna* (CHResources9).
3. Ibid., 169.
4. «La escuela indígena de William y Mary», William y Mary, www.wm.edu.
5. Andrew Carroll, *Letters of a Nation* (Broadway Books, 1999).
6. Mateo 10:16.
7. George Monbiot, «For More Wonder, Rewild the World,» Charla TED, filmada en julio de 2013, www.ted.com.
8. Ver Mateo 7:15.
9. Mateo 8:20.
10. También es el título de un libro del Dr. John Gray.
11. Génesis 1:27.
12. David Brooks, *The Road to Character* (Random House, 2015).

Capítulo 1 Duro como los clavos

1. «Home», Charles Lindbergh, www.charleslindbergh.com.
2. Bill Bryson, *One Summer* (Doubleday, 1912).
3. Ibid., 40.
4. «Medical Aspects of the Crucifixion of Christ», www.frugalsites.net.
5. Ibid.
6. Ver Romanos 5:7-8.
7. Ver 1 Corintios 13:7.
8. «Thomas Becket», www.en.wikipedia.org.
9. «Thomas Becket», el sitio web católico de Marianne Dorman, www.marianne-dorman.homestead.com.
10. Justin Welby, 2 de marzo de 2016, New Wine Conf., Harrogate, Inglaterra.
11. *Rocky III*. Dirigida por Sylvester Stalone. Hollywood, CA: United Artists, 1982.
12. Emma Young, «Do Get Mad: The Upside of Anger», www.newscientist.com.
13. Ver Romanos 12:9.
14. *El tercer hombre*. Dirigida por Carol Reed, (London Films, 1949).
15. Eclesiastés 12:11.

16. Ver Efesios 4:15.
17. «Toughskins», *Wikipedia*, www.en.wikipedia.org/wiki/Toughskins.
18. En caso de que estés interesado, fue *El Hacedor de círculos*.
19. Le escuché esta idea por primera vez a Erwin McManus. Tan buena. Tan verdadera.
20. Marcos 15:13.
21. Lucas 23:34 RVR1960.
22. Juan 11:35.

Capítulo 2 Caballero y erudito

1. Henry Blodgett, «Here's the Famous Populist Speech Teddy Roosevelt gave Right after Getting Shot,» www.businessinsider.com.
2. Brett and Kate McKay, «Lessons in Manliness: Theodore Roosevelt on Living the Strenuous Life,» www.artofmanliness.com.
3. Edmund Morris, *The Rise of Theodore Roosevelt* (Random House, 2010).
4. Ibid.
5. ¡Gracias a Ashley Montagu por esta frase!
6. Paul Reber, «What Is the Memory Capacity of the Human Brain?», www.scientificamerican.com.
7. «Human Brain, *Neuroscience*, Cognitive Science,» www.basicknowledge101.com.
8. A. J. Jacobs, «The Know-It-All: One Man's Humble Quest to Become the Smartest Person in the World» (Simon and Schuster, 2004).
9. «Mahatma Gandhi,» Good Reads, www.goodreads.com.
10. Kathryn Zickhur and Lee Rainie, «A Snapshot of Reading in America in 2013», www.pewinternet.org.
11. Edward Iwata, «Naisbatt Turns Lust for Life into Mega Book Career», www.usatoday30.usatoday.com.
12. J. D. Salinger, Catcher in the Rye (Little, Brown, 1991), 62.
13. Recientemente se retiró el título. Chicos, esta es su oportunidad.
14. Merriam-Webster Online, s.v. «Gentleman,» www.merriam-webster.com.
15. Ver Juan 8:1-11.
16. Ver Lucas 7:37-50.
17. Juan 19:27.
18. Ver Gálatas 5:22–23 para una lista del fruto del Espíritu.
19. Dallas Willard, *The Divine Conspiracy: Rediscovering Our Hidden Life in God* (HarperSanFrancisco, 1998), 94.
20. Albert Einstein, «Religion and Science,» New York Times Magazine, 9 de noviembre de 1930.
21. 1 Reyes 4:29, 32-33.
22. Proverbios 25:2.
23. Francis Bacon, *The Works of Francis Bacon*, ed. Basil Montagu (Hart, 1852).
24. Al Seckle, «Visual Illusions That Show How We (Mis) think,» TED, www.ted.com.
25. Richard Restak, *Mozart's Brain and the Fighter Pilot,*(Harmony, 2001).
26. Juan 4:22.
27. Juan 4:24.
28. 2 Timoteo 2:15 KJV 2000.
29. Ver Deuteronomio 17:18–19.
30. Cada año intento escoger un plan de las decenas de planes en el App YouVersion. Recomiendo encarecidamente buscar un plan que se adapte a tu ritmo de vida pero también estirarte espiritualmente.
31. 2 Timoteo 4:13.
32. Doug Batchelor, «The Beginning of Wisdom,» LightSource, www.lightsource.com.
33. Ver Génesis 15:5.
34. Proverbios 27:17.

35. «The Strenuous Life,» *Wikipedia*, www.en.wikipedia.org.

36. Mark Batterson, *Con un León en Medio de un Foso* (Editorial Nivel Uno, 2018).

37. 1 Corintios 13:11.

38. Robert Sapolsky, «Dude, Where's My Frontal Cortex?» *Nautilus*, www.nautil.us.

39. Arthur Gordon, *Wonder* (Revell, 2006), 182.

40. Ibid., 182.

41. «Now We Are Small Enough,» Bible.org, www.bible.org.

42. Sir Arthur Conan Doyle, The Sign of the Four (CreateSpace Independent Publishing Platform, 2016), 49.

Capítulo 3 Inquebrantable

1. Laura Hillenbrand, *Inquebrantable* (Random House, 2010), 173.

2. Viktor Frankl, *Búsqueda de Dios y sentido de la vida.* (Beacon Press, 2006).

3. Juan 16:33.

4. George Bernard Shaw, *Mrs. Warren's Confessions* (Watchmaker Publishing, 2010).

5. Daniel Goleman, *Inteligencia Emocional* (Bantam, 2005), 80-83.

6. Ibid., 81-82.

7. 1 Corintios 10:23.

8. Mateo 6:10.

9. Lucas 4:4.

10. Mateo 26:53 RVR1960.

11. Hebreos 4:15.

12. 2 Samuel 11:1-3.

13. Lucas 4:1-2.

14. Lucas 4:4.

15. Deuteronomio 24:5.

16. Mateo 5:29-30.

17. 1 Corintios 10:13.

18. 1 Samuel 24:3-4.

19. Craig Lambert, «"Bobby" Jones», *Harvard Magazine*, www.harvardmagazine.com.

20. Ver 1 Samuel 24:5.

Capítulo 4 El dragón de tres cabezas

1. Lee Stetson, *The Wild Muir* (Heyday, 1994), ix.

2. Para una lista completa de mis 115 metas de vida, echa un vistazo a *El Hacedor de círculos.*

3. «Why John Muir,» The John Muir Way, www.johnmuirway.org.

4. «John Muir,» *Wikipedia*, www.en.wikipedia.org/wiki/JohnMuir.

5. Stetson, *The Wild Muir*, 21.

6. Ibid., 109-10.

7. Marcos 1:8.

8. Luci Shaw, *Water My Soul* (Regent College Publishing, 1998), 10.

9. Mateo 8:20.

10. Juan 2:17.

11. Dorothy L. Sayer, «The Greatest Drama Ever Staged,» in *Letters to a Diminished Church* (W Publishing Group, 2004), 4.

12. C. S. Lewis, El Peso de la Gloria (Zondervan, 2001), 26.

13. Apocalipsis 12:4.

14. Ver 1 Juan 4:4.

15. Génesis 3:1.

16. New Wine Conference, Harrogate, UK, March 2, 2016.

17. Génesis 3:6.

Notas

18. Edmund Burke, «Thoughts on the Cause of the Present Discontents», en *Select Works of Edmund Burke*, vol. 1 (Liberty Fund, 1999), 146.
19. Génesis 3:12.
20. C. S. Lewis, *Mero cristianismo* (HarperOne, 1980), 136.
21. Génesis 3:5.
22. «Tree Facts,» North Carolina State University, www.ncsu.edu.
23. «Hedonic treadmill,» *Wikipedia*, www.en.wikipedia.org/wiki/Hedonictreadmill.
24. Efesios 5:25.
25. Génesis 3:10.

Capítulo 5 Sockdolager
1. Edward Dolnick, *Down the Great Unknown* (HarperCollins, 2001), 14.
2. Ibid., 19.
3. Ibid.
4. A. W. Tozer, *Culture* (Moody, 2016), 28.
5. Los rápidos en esta carrera eran clasificados del 1 al 10.
6. *Wiktionary, The Free Dictionary*, s.v. «sockdolager,» www.en.wiktionary.org.
7. Friedrich Nietzsche, *The Anti-Christ, Ecce Homo, Twilight of the Idols, and Other Writings*, (Cambridge University Press, 2005), 157.
8. Kelly Clarkson, «Stronger (What Doesn't Kill You),» in *Stronger*, RCA Records.
9. Génesis 1:28.
10. Dolnick, *Great Unknown*, 19.
11. «Earth,» *Wikipedia*, www.en.wikipedia.org/wiki/Earth.
12. Robert Frost, «The Road Not Taken», www.poetryfoundation.org/poem/173536.
13. Romanos 8:37.
14. Ver Proverbios 16:32.
15. David Brooks, *The Road to Character* (Random House, 2015), 52.
16. Ibid., 52.
17. Ibid., 60.
18. Ver 2 Corintios 10:5.
19. Ver Job 31:1.
20. Ver Lucas 9:23.
21. Ver 1 Corintios 9:27.
22. Ver Gálatas 5:24.
23. Brooks, *Road to Character*, 61.
24. Apocalipsis 2:20.
25. Ver Santiago 3:3-6.
26. Efesios 5:4.
27. Jeremías 1:7 RVR1960.
28. Santiago 3:3-6.
29. Recomiendo encarecidamente el libro de Angela Duckworth, *Grit*. Esta definición es una derivación de su trabajo.
30. Gordon MacDonald, *A Resilient Life* (Thomas Nelson, 2009), vii.
31. Ver Génesis 32:22-32.
32. Lucas 22:44.
33. Hebreos 12:2.
34. Hebreos 12:1-2.
35. «Roger Bannister», *Wikipedia*, www.en.wikipedia.org/wiki/Roger_Bannister.
36. Ver 1 Samuel 14.
37. Dolnick, *Great Unknown*, 71.
38. Ibid., 85.
39. «John Wesley Powell», *Wikipedia*, www.en.wikipedia.org.
40. Dolnick, *Great Unknown*, 89.

Capítulo 6 Nacido para la tormenta

1. Jon Meacham, *American Lion* (Random House, 2008), 29.
2. Ibid., vii.
3. Lucas 4:18-19.
4. Lucas 4:21.
5. Meacham, *American Lion*, 14.
6. «Advice to Andrew Jackson by His Mother,» Valley Station Church of Christ, www.vscoc.org.
7. Génesis 2:18.
8. «Advice to Andrew Jackson by His Mother,» Valley Station Church of Christ.
9. Meacham, *American Lion*, 19.
10. Ibid.
11. 1 Corintios 16:13 NBLH.
12. 1 Samuel 30: 6 RVR1960.
13. *The Blues Brothers*. Dirigida por John Landis. (Universal Pictures, 1980).
14. Mateo 11:12 NBLH.
15. Mateo 3:17 PDT «with whom» instead of in whom»; «con quien» en vez de «en quien».
16. 1 Samuel 14:35.
17. 1 Samuel 15:12 NTV.

Capítulo 7 El llamado del deber

1. «Attempted Assassination of Ronald Reagan,» Wikipedia, www.en.wikipedia.org.
2. Romanos 5:6-8.
3. C. S. Lewis, *Cartas del diablo a su sobrino* (HarperCollins, 1996).
4. C. S. Lewis, *The Complete C. S. Lewis Signature Classics* (Harper One, 2007).
5. Marcos 15:15.
6. Martin Luther King Jr., «Letter from Birmingham Jail,» www.thekingcenter.org.
7. Ibid.
8. Ella Wheeler Wilcox, «Protest,» *Poems of Problems* (W. B. Conkey Company, 1914).
9. Si quieres explorar esta idea, mira el video TED de Mellody Hopson, «Color Blind o Color Brave?» www.ted.com.
10. 1 Samuel 24:5.
11. Proverbios 22:6.
12. Roland Herbert Bainton, *Here I Stand: A Life of Martin Luther* (Hendrickson).
13. «Sing Out, Mr. President: Andrew Jackson's One-Man Majority,» www.npr.org.
14. Romanos 12:2.
15. Ver Romanos 1:16.
16. Hechos 4:13.
17. 2 Timoteo 1:7.
18. Penn Jillette, «Penn Jillette on Sharing Your Faith», www.vimeo.com/52957285.
19. Mateo 28:19.
20. Annie Dillard, *Teaching a Stone to Talk* (Harper Perennial, 2013), 52.
21. Mark Batterson, *Tras el Rastro del Ave Salvaje* (Editorial Nivel Uno, 2019).
22. Mateo 16:18.
23. Isaías 9:6-7.

Capítulo 8 La tierra de nadie

1. Robert A. Caro, *The Path to Power* (Vintage Books, 1990).
2. Ibid.
3. Esto puede ser una antigua exageración. Las revisiones modernas ponen un número mucho más pequeño. Pero de cualquier manera, los espartanos eran muchísimo menos numerosos, incluso con la ayuda de varias otras ciudades-estado griegas.

4. Helena P. Schrader, *Leonidas of Sparta: A Heroic King* (Wheatmark, 2012).
5. «The Battle of Thermopylae,» Sam Houston State University, www.shsu.edu.
6. Malaquías 4:6 RVR1960.
7. Andy Stanley, *Choosing to Cheat* (Multnomah, 2003), 10.
8. Lyle W. Dorsett, *A Passion for God: The Spiritual Journey of A. W. Tozer* (Moody).
9. «Ship Statistics and Details,» The Queen Mary, www.queenmary.com.
10. Lucas 1:15-17 RVR1960.
11. *Braveheart*, dirigido por Mel Gibson (Icon Productions, 1995).

Capítulo 9 El pacto de discipulado
1. Diana Nyad, *Find a Way* (Alfred A. Knopf, 2015), 15.
2. Diana Nyad, «Never, Ever Give Up», TEDWomen, www.ted.com.
3. Nyad, *Find a Way*, 4.
4. Ibid., 27-28.
5. Ibid., 28.
6. Proverbios 18:21.
7. Hebreos 11:1 NETO.
8. Brett y Kate McKay, *El Gran Libro de los Hombres* (How Books, 2011).

Capítulo 10 El rito de paso
1. «The American Crisis,» *Wikipedia*, www.en.wikipedia.org.
2. Jane Hampton Cook, *Battlefield & Blessings* (God and Country Press, 2007).
3. Ibid., 245.
4. Ibid., 239.
5. Ver Isaías 50:7
6. Josué 3:5 NBLH.
7. Robert Bly with Bill Moyer, «A Gathering of Men,» PBS, www.pbs.org.
8. «Ten Incredibly Painful Rites of Initiation,» List Verse, www.listverse.com.
9. E. M. Bounds, *El Poder a Través de la Oración* (Rough Draft Printing, 2013).
10. Mark Batterson, *All In: You Are One Decision Away from a Totally Different Life* (Zondervan, 2015), 76.
11. Presidente Theodore Roosevelt, «Citizenship in a Republic» (speech), la Sorbona, París, Francia, 23 de Abril de 1910, www.theodore-roosevelt.com
12. Josué 24:15.
13. Ver Mateo 3:17.

Epílogo
1. William Byron Forbush, *Fox's Book of Martyrs* (Zondervan), 237.

Otros libros de:

MARK BATTERSON

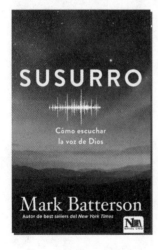

Le invitamos a que visite nuestra página web donde podrá apreciar nuestra pasión por la publicacion de libros y Biblias:

www.casacreacion.com

www.EditorialNivelUno.com

Para vivir la Palabra